C.H.BECK WISSEN

in der Beck'schen Reihe

«Die größten Gaben, die Gott den Menschen in seiner himmlischen Gnade geschenkt hat, sind Priestertum und Kaisertum; ersteres dient den göttlichen Dingen, letzteres steht den menschlichen Dingen vor und kümmert sich um sie. Beide, aus ein und demselben Ursprung hervorgehend, ordnen das menschliche Leben.»

Fest im christlichen Glauben verwurzelt, formulierte Kaiser Justinian diese Sätze in den ersten Jahren seiner Herrschaft (527–565 n. Chr.). Glaube und Gottvertrauen blieben ihm unverzichtbare Stützen, deren er um so mehr bedurfte, je länger sein Kaisertum währte. Sah er sich doch während seiner Regierungszeit mit schwersten Herausforderungen konfrontiert, die ihn im Rückblick weniger als souveränen Herrscher denn vielmehr als Objekt krisenhafter Zeitumstände erscheinen lassen: Kriege gegen Perser, Goten, Vandalen und Bulgaren, verheerende Seuchen und Hungersnöte, Erdbeben und Religionskrisen prägten seinen Lebensweg, den Mischa Meier in diesem Buch noch einmal abschreitet.

Mischa Meier lehrt als wissenschaftlicher Assistent und Privatdozent Alte Geschichte an der Universität Bielefeld. Griechische Geschichte, die Spätantike, antike Geschichtsschreibung, Religionsgeschichte sowie die Rezeptionsgeschichte der Antike bilden Schwerpunkte seiner Forschungen.

Mischa Meier

JUSTINIAN

Herrschaft, Reich und Religion

Verlag C. H. Beck

Mit 11 Abbildungen und 2 Karten

Originalausgabe

Gesamtherstellung: Druckerei C. H. Beck, Nördlingen
Umschlagmotiv: Kaiser Justinian I., Mosaik vor 547, Ravenna, San Vitale, Presbyterium, Nordwand der Apsis, © AKG, Berlin
Umschlagentwurf: Uwe Göbel, München
Printed in Germany
ISBN 3 406 50832 4

www.beck.de

Inhalt

I. «Von Gott eingesetzt unser Reich lenkend ...»: Das Kaisertum Justinians

Am 15. Dezember 530 beauftragte Justinian eine Kommission damit, die zahllosen Kommentare und Rechtsgutachten, die sich im Verlauf der letzten Jahrhunderte angesammelt hatten, zu einer einheitlichen, leicht erschließbaren Sammlung zusammenzufassen (die späteren *Digesten*). Die Einleitung der schriftlichen Konstitution, in der dieser Auftrag formuliert wurde, faßt das Selbstverständnis Justinians feierlich zusammen. Kein spätantiker Kaiser hat deutlicher sein unbedingtes Vertrauen in den eigenen göttlichen Auftrag zum Ausdruck gebracht als Justinian in diesen Worten: «*Von Gott eingesetzt unser Reich lenkend, das uns von der himmlischen Hoheit übergeben worden ist, bringen wir Kriege glücklich zu Ende, zieren den Frieden und erhalten den Bestand des Gemeinwesens: Und wir richten unsere Herzen so auf den Beistand des allmächtigen Gottes, daß wir weder Waffen noch unseren Soldaten noch den Generälen noch unserer eigenen Begabung vertrauen müssen, sondern jegliche Hoffnung allein auf die vorsorgende Umsicht der höchsten Dreifaltigkeit setzen: Von ihr her haben sich die Grundbestandteile der gesamten Welt entwickelt und ist ihre Anordnung zum Weltkreis geschaffen worden.*» (*Deo auctore* pr.)

Dreieinhalb Jahre waren damals vergangen, seit Justinian als Nachfolger seines Onkels Justin I. die Alleinherrschaft über das *Imperium Romanum* angetreten hatte. Und spätestens jetzt, mit diesem Dokument, mußte allen Zeitgenossen klar werden, daß sich mit der Herrschaft Justins (518–527) und dann vor allem Justinians (527–565) entscheidende Veränderungen zu vollziehen begonnen hatten. Natürlich war das Reich schon seit Jahrhunderten christlich geprägt. Konstantin (306–337), der erste christliche Kaiser, Theodosius I. (379–395), Theodosius II. (408–450) und andere hatten im Prozeß der allmählichen Christianisierung wichtige Schritte vollzogen. Doch mit Justin und Justinian erhielt das christliche Kaisertum eine neue Qualität: Die Herleitung von Herrschaft und ihre Legitimation aus Gott erhob jetzt einen neuen Ausschließlichkeitsanspruch; Kaiser und Kaisertum definierten sich von nun an nur noch aus ihrem Bezug zu Gott. Von allen spätantiken römischen Kaisern war Justinian in seiner Repräsentation der ‹christlichste› und in der Auslegung seines göttlichen Auftrages der konsequenteste. Eine selbst für zeitgenössische Verhältnisse außergewöhnliche Frömmigkeit, die uns in zahllosen Zeugnissen immer wieder entgegentritt und schon zu Lebzeiten Justinians sprichwörtlich war, sowie ein tiefes Sendungsbewußtsein bildeten die Grundlage für diese strikte Auslegung des Konzeptes einer christlichen Kaiserherrschaft über das *Imperium Romanum*. Wie aber sah dieses Konzept vor Justinian aus?

Als Konstantin im Jahr 335 sein 30jähriges Herrschaftsjubiläum feierlich beging, hielt der angesehene Theologe Eusebios, Bischof von Kaisareia (Palästina), die bei solchen Anlässen obligatorische Festrede auf den Kaiser und entwickelte darin das Konzept eines christlichen Kaisertums. Eusebios zufolge ist das irdische Kaiserreich eine Nachbildung des himmlischen Reiches Gottes. Und weil im Himmel allein Gott herrscht, ist auch auf Erden keine andere Staatsform als die Monarchie denkbar. Damit war zunächst einmal das Kaisertum als solches theologisch begründet und grundsätzlich gerechtfertigt. Der Kaiser selbst wird, so Eusebios weiter, von Gott eingesetzt, geradezu als dessen Statthalter auf Erden. Er ist ein besonderer Freund Gottes und hat sich seinen Auftrag durch bestimmte Tugenden verdient. Zu diesen Tugenden zählen vor allem Frömmigkeit und Wahrheitsliebe; der Kaiser ist darüber hinaus weise, gütig, gerecht, besonnen, tapfer und – natürlich – gottliebend. Er ist der wahre Selbstherrscher, der wahre Sieger und ein echter Philosophenkönig. Es ist bemerkenswert, wie es Eusebios hier gelungen ist, jahrhundertealte antike Herrscherideale mit christlichen Werten zu verbinden. Die Aufgabe des von Gott eingesetzten Kaisers besteht darin, die Menschen zur Gottesverehrung zu bringen. Vor allem aber muß er – und dies ist der eigentliche

Kern des eusebianischen Konzepts – versuchen, sich in allem an Gott bzw. Christus zu orientieren. Die Herrschaft des christlichen Kaisers besteht also in der Nachahmung Gottes (*mímesis theoú, imitatio Dei*), ganz so, wie eben das irdische Reich das Himmelreich nachbildet.

Natürlich handelt es sich bei diesem Konzept um ein Ideal, das in Reinform ohnehin nicht zu verwirklichen war. Trotzdem diente es allen nachfolgenden christlichen Kaisern zumindest als Ausgangspunkt für ihre jeweilige Herrschaftsauffassung. Denn es hatte den entscheidenden Vorteil, daß es – ohne den Kaiser selbst zum Gott machen zu müssen – die Kaiserherrschaft außerweltlich begründete und damit – zumindest der Theorie nach – jeglicher Kritik entzog. Trotzdem konnte es Aufstände nicht verhindern: Wurden diese niedergeschlagen, so war die Legitimität der Herrschaft eines Kaisers besonders deutlich geworden; wurde allerdings ein Kaiser gestürzt, so war im nachhinein sofort klar, warum: Er hatte seinen göttlichen Auftrag nur ungenügend erfüllt.

Was Eusebios allerdings mit keinem Wort streift, ist die andere Seite des spätantiken Kaisertums. Denn dieses war nicht nur christlich, sondern zunächst einmal römisch, beruhte also auf einer langen Tradition römischer Kaiser, und diese wiederum verstanden sich – zumindest in der Theorie – stets weiterhin als Sachwalter der alten römischen Republik, die ja formal nie abgeschafft worden war. In der Republik galt das römische Volk, der *populus Romanus*, als höchster Souverän. Und so ist es verständlich, daß auch die Kaiser, deren Herrschaft von Anfang an in ein labiles Akzeptanzsystem aus Heer, Volk und Senat eingebettet war, mit großem Nachdruck immer wieder ihre Wahl durch das Volk betonten, selbst wenn dies den realen Umständen noch so sehr widersprach. Auch in der Spätantike war klar, daß das Volk – im Osten seit dem 5. Jahrhundert vor allem das Volk von Konstantinopel – weiterhin als eine zentrale Säule der Herrschaft eines Kaisers zu gelten hatte, und mit diesem Anspruch mußte es auch ernst genommen werden, wie eine lange Reihe blutiger Aufstände in der Hauptstadt bezeugt. Der erste Kaiser, bei dem sich dies nachdrücklich ändert und der von

Beginn an dem Volk diese Rolle zugunsten des göttlichen Auftrages verweigerte, war Justinian. Der Diakon Agapet aus Konstantinopel, der in frühjustinianischer Zeit eine Art Fürstenspiegel verfaßte, dabei aber eigentlich nichts anderes bietet als einen kurzen Abriß zum Selbstverständnis Justinians, hat dies prägnant in Worte gefaßt (Agap. *Ekthesis* 63): «*Gott benötigt nichts und niemanden, der Kaiser benötigt allein Gott*». Aufruhr im Volk hingegen sei nichts anderes als Hundegekläff.

Bereits bei seiner Kaiserkrönung machte Justinian aus seinem spezifischen Selbstverständnis keinen besonderen Hehl. Glücklicherweise besitzen wir zu einigen Krönungen von Kaisern des 5. und 6. Jahrhunderts kurze ‹Krönungsprotokolle›, die zwar erst unter Konstantin VII. Porphyrogennetos (10. Jahrhundert) gesammelt wurden, aber auf eine Vorlage aus dem 6. Jahrhundert zurückgehen. In dieser Sammlung findet sich auch ein knapper Bericht zur Kaiserkrönung Justinians. Justin I., so heißt es dort, sei schwer erkrankt gewesen und aus diesem Grunde vom Senat gebeten worden, einen Kaiser zu bestimmen. Am 1. April 527 habe er daher Justinian im Triklinos (einem für verschiedene Anlässe verwendbaren Bankettsaal) zum (Mit-) Kaiser erhoben. Drei Tage später jedoch, am 4. April, habe Justin dann eine Versammlung hoher Würdenträger und Senatoren einberufen, an der auch die Garderegimenter und alle Mannschaften teilzunehmen hatten, wiederum im Innern des Palastes. Der ebenfalls anwesende Patriarch von Konstantinopel habe dort ein Gebet gesprochen und dann Justinian gekrönt.

Um die Besonderheiten dieses Verfahrens zu erkennen, muß man andere Kaiserkrönungen, die in ähnlichen Situationen und zeitlich nicht weit entfernt stattgefunden haben, vergleichend hinzuziehen. Da bietet sich ein Blick auf die Krönung Leons II. durch seinen Großvater Leon I. im Jahr 474 an. Auch Leon I. litt an einer schweren, ja todbringenden Krankheit und wurde deshalb aufgefordert, einen Nachfolger zu bestimmen. Daher versammelten sich im Hippodrom (dem großen Stadion für Wagenrennen in Konstantinopel) das Volk, auswärtige Gesandte und alle Soldaten; Volk und Soldaten riefen nach dem Kaiser, bis dieser zusammen mit den Senatoren ebenfalls im Hippodrom erschien. Zu diesem Zeitpunkt hielt sich sein Enkel noch gemeinsam mit dem Patriarchen im Triklinos auf und wartete auf ein Zeichen. Leon I. wurde von der Menge feierlich begrüßt und in Sprechchören aufgefordert, seinen Enkel zum Kaiser zu erheben. Nach einiger Zeit ließ er dann Leon (II.) hervortreten. Der Patriarch sprach nun ein Gebet, alle riefen «Amen» und Leon I. setzte seinem Nachfolger unter feierlichen Segenswünschen die Krone aufs Haupt. Der Patriarch zog sich daraufhin zurück, der neue Kaiser grüßte das Volk, das ihm zujubelte, und ließ sich vom Stadtpräfekten und den Senatoren aufwarten. Schließlich erhielten die Soldaten ihr übliches Geldgeschenk.

Der antike Berichterstatter hat selbst gesehen, was bei Justinian das entscheidend Neue war: Die Krönung fand nicht im Hippodrom, der zentralen Begegnungsstätte von Kaiser und Volk, statt, sondern im Palast, und zwar unter Ausschluß des Volkes. Zwar hatten Justin und Justinian für die Zeremonie am 4. April neben dem Patriarchen hohe Würdenträger, Senatoren und Soldaten eingeladen, aber nicht das Volk, ja nicht einmal ausgewählte Vertreter des Volkes. Man hat dies mit der schweren Erkrankung Justins begründet. Aber auch Leon I. hatte sich einst schwer krank in den Hippodrom geschleppt, und warum soll Justins Krankheit dazu geführt haben, daß zwar Soldaten eingeladen wurden, aber keine Vertreter des Volkes? Nein – der Ausschluß des Volkes muß gewollt gewesen sein, und er besagt einiges über das Selbstverständnis Justinians, der im übrigen die ganze Zeremonie ohnehin nicht besonders wichtig nahm: Seine Herrschaft jedenfalls datierte er ab dem 1. April, also seit der Ernennung durch seinen Onkel Justin.

Es war also Gott allein, der Justinian die Herrschaft übertragen hatte, vermittelt durch seinen Onkel Justin. Dies entsprach keineswegs lediglich verbreiteten zeitgenössischen Anschauungen, denn wir kennen verschiedene Stimmen, die diese Vorstellung Justinians scharf angreifen. Indes hatten schon unmittelbar nach der Kaisererhebung Justins dieser und sein Neffe den Gedanken ihrer göttlichen Sendung in verschiedenen Briefen gegenüber Papst Hormisdas (514–523) dargelegt. Justinian war

Abb. 1: Barberini-Diptychon

offenbar überzeugt davon, daß jegliches Geschehen eine Folge göttlichen Wirkens war. Auf diese Weise wurden Erfolge für ihn zu Geschenken Gottes, während Mißerfolge, Niederlagen und Naturkatastrophen ihm als göttliche Strafen erschienen. Es ist wichtig, sich diese Grundhaltung Justinians stets vor Augen zu führen. Denn viele Ereignisse während seiner langen Herrschaft lassen sich sonst nicht plausibel erklären.

Eine erste Folge der festen Überzeugung, allein von Gott beauftragt zu sein, war – bereits seit dem Herrschaftsantritt Justins – die allmähliche Veränderung der kaiserlichen Repräsentation. An verschiedenen Beispielen läßt sich ein deutlicher Christianisierungsschub festmachen. So wurden z. B. die traditionellen *Victoria*-Figuren auf den Goldmünzen (*solidi*) jetzt zu Engeln umgedeutet; Darstellungen von Globus und Kreuz, die den Weltherrschaftsanspruch unter christlichen Vorzeichen symbolisierten, erlangten zunehmende Bedeutung. Besonders anschaulich zeigt sich der Wandel auf dem sogenannten Barberini-Elfenbein, einem berühmten Reliefbild, dessen Datierung lange umstritten war, das aber wohl doch in die frühen Jahre Justinians gehört. Der Kaiser erscheint hier in voller Rüstung hoch zu Roß und rammt gerade energisch seine Lanze in den Boden. Die Darstellung wartet mit einer Reihe interessanter Details auf, so z. B. mit demütigen Barbaren und einer weiteren Person, vielleicht einem Konsul. Entscheidend ist aber, daß zentral über der ganzen Szene der segnende Christus steht, eingebettet in ein Medaillon, das von zwei Engeln zu beiden Seiten gehalten wird. Hier wird denkbar anschaulich illustriert, wer als Urheber und Beschützer des Kaisers sowie seiner Herrschaft galt.

2. Justin I. – Ein Bauernsohn in Konstantinopel

Die außergewöhnliche Frömmigkeit Justins und Justinians, die wesentlich zu dieser Vorstellung beigetragen hat, scheint sich vor allem aus ihrem rasanten Aufstieg zu erklären. Angesichts ihrer äußerst bescheidenen Herkunft bot das Wirken Gottes offenbar den einzigen Weg, um die geradezu märchenhafte Karriere vom mittellosen Bauernjungen zum Herrn der Welt sinnvoll zu erklären. Wie man sich diese Karriere vorstellen konnte, berichtet unser prominentester zeitgenössischer Gewährsmann, der Historiker Prokop – allerdings nicht ohne eine gehörige Portion Häme. In den *Geheimgeschichten* (*Anekdota*), einer böswilligen Generalabrechnung mit Justinian und seiner Frau Theodora, die der Autor neben seinen ganz offiziösen Geschichtswerken wohl als geheime Flugschrift für oppositionelle Gesinnungsgenossen konzipiert hat, heißt es dazu (6,2–3):

«*Als Kaiser Leon in Byzanz regierte, verließen drei junge Bauernburschen, ihrer Herkunft nach Illyrer, Zimarchos, Ditybistos und Justin, ihre Heimat Bederiana, um Kriegsdienste zu nehmen. Offensichtlich hatten sie mit häuslicher Not zu kämpfen und wollten davon loskommen. So zogen sie also zu Fuß nach Byzanz, auf ihren Schultern Säcke, in die sie daheim nur hartes Brot gesteckt hatten. Nach ihrer Ankunft wurden sie in die Truppe aufgenommen, und der Kaiser wählte sie zu seiner Palastwache aus; denn alle drei waren sehr stattliche Erscheinungen [...]*» (Übers.: O. Veh). Was aus Zimarchos und Ditybistos geworden ist, wissen wir nicht. Justin jedenfalls machte rasch Karriere, sammelte militärische Erfahrung in den Kriegen des Kaisers Anastasios (491–518) gegen Isaurier, Perser sowie den aufständischen General Vitalian und war, als Anastasios starb, bereits Kommandeur der Palastgarde (*comes excubitorum*). Sehr später Überlieferung zufolge soll er ursprünglich sogar nur Sauhirt gewesen sein. Verschiedene Quellen weisen auf seine fehlende Bildung hin. Allerdings ist nicht klar, ob sich dies nur auf eine niveauvolle literarische Bildung bezieht oder ob er tatsächlich ein völliger Analphabet war, der als Kaiser nicht einmal seine Verfügungen ohne Schablone unterzeichnen konnte, wie Prokop genüßlich anmerkt. Tatsache ist jedenfalls, daß er aus dem sozialen Nichts aufgestiegen war und damit von vornherein den Unwillen der vornehmen Elite Konstantinopels auf sich gezogen hatte. Bei großen Teilen des oströmischen Adels hatten er und Justinian von Beginn an keine Chance.

Justins Heimatort Bederiana war eine kleine Festung in der Nähe von Naissus (heute Niš, Jugoslawien) in der Provinz *Dacia Mediterranea*. Man sprach dort Latein und bekannte sich zum Christentum entsprechend der Glaubensformel, die 451 auf dem Konzil von Chalkedon festgelegt worden war (S. 31 ff.). Wie viele andere auch hatte der um die Mitte des 5. Jahrhunderts geborene Justin dem kargen Leben in seiner Heimat den Rücken gekehrt und sein Glück in der Hauptstadt gesucht, und wie nur wenige hat er es dort auch gefunden.

Als die drei jungen Bauernsöhne in Konstantinopel angekommen waren, muß der Eindruck der Kaiserstadt auf sie überwältigend gewesen sein. Konstantinopel war das Zentrum der damals bekannten Welt und hatte auch Rom, das außer seiner ehrwürdigen Vergangenheit nicht mehr viel an Glanz vorzuweisen hatte, schon längst den Rang abgelaufen. In Konstantinopel war alles anzutreffen: Von der üppigsten Pracht bis zur elendsten Armut. Die Stadt lebte von ihren Gegensätzen; aus allen Teilen der Welt strömten hier die Menschen zusammen, um Geschäfte und ihr Glück zu machen. Konstantinopel war Kaiserresidenz, Sitz des oströmischen Senates, einer gigantischen Palastverwaltung, diverser Truppenregimenter sowie des Patriarchen, des höchsten Bischofs der europäischen und kleinasiatischen Provinzen im Oströmischen Reich; weil der Patriarch in derselben Stadt wie der Kaiser residierte, beanspruchte er seit 451 für sich immerhin denselben Rang wie der Papst. Zugleich war Konstantinopel Heimat einer rastlosen Bevölkerung, die teilweise von staatlichen Lebensmittelzuteilungen lebte und leicht fanatisierbar war. Sie ließ sich immer wieder in die Dispute über den rechten Glauben verwickeln und war auch bereit, diese mit größter Hartnäckigkeit und oft in erbitterten Straßenschlachten auszufechten.

Um 500 hing die Mehrheit der Bevölkerung Konstantinopels – soweit erkennbar – dem christlichen Bekenntnis in der Form an, wie es auf dem Konzil von Chalkedon 451 festgelegt worden war. Für wiederholte Spannungen sorgte jedoch die Tatsache, daß Kaiser Anastasios offenkundig die dazu im Gegensatz stehende sogenannte monophysitische Richtung bevorzugte (dazu ausführlich in Kap. 4). Dies hätte ihn bei einem 512 aus diesem Grund ausgebrochenen Aufstand beinahe den Thron gekostet. Trotzdem blieben die Monophysiten auch nach seinem Tod und der mit Justin I. einsetzenden chalkedonischen Religionspolitik ein nicht zu unterschätzender Faktor: Als die Stadt im November 533 von einem Erdbeben erschüttert wurde, tendierte die verängstigte Bevölkerung kurzfristig mehrheitlich zum Monophysitismus, offensichtlich bestärkt durch gezielte Agitationen anwesender Monophysiten. Der Monophysitismus war indes nicht die einzige religiöse Alternative; verschiedene weitere christliche Lehren besaßen im Konstantinopel des frühen 6. Jahrhunderts einflußreiche Anhänger und wurden erregt diskutiert. Zudem war auch das Heidentum noch längst nicht vollständig erloschen, und auch das Judentum besaß eine gewisse Verbreitung.

Als Justin irgendwann in den 70er Jahren des 5. Jahrhunderts in Konstantinopel eintraf, konnte die Stadt schon auf eine wechselvolle Geschichte zurückblicken. Am 11. Mai 330 hatte Konstantin seine neue Kaiserresidenz offiziell eingeweiht. Sie lag auf dem Gebiet des griechischen Byzantion, einer Gründung Megaras aus dem 7. Jahrhundert v. Chr., war aber von Konstantin um das Vierfache erweitert worden. Die Wahl des Ortes war brilliant: Alle neuralgischen Punkte an den Grenzen des Reiches waren von hier aus rasch zu erreichen, wichtige Handelswege vom Schwarzen Meer in den Ägäisraum sowie von Europa nach Asien kreuzten sich hier. Zudem war die Stadt auf drei Seiten vom Meer umgeben: Im Norden vom Goldenen Horn, im

Osten vom Bosporus, im Süden vom Marmarameer. Die Landseite hatte bereits Konstantin durch eine mächtige Mauer schützen lassen; Theodosius II. begann 413 unter anderem zur Erweiterung des zu eng gewordenen Stadtgebiets mit einer weiteren, vorgeschobenen Mauer, die letztendlich eine Breite von 60 Meter erreichte und 96 Türme besaß. Und schließlich befestigte Anastasios etwa 65 Kilometer westlich der Stadt noch einen weiteren Schutzwall, die sogenannten Langen Mauern, die vom Schwarzen Meer bis zum Marmarameer führten. Diese gewaltige Kombination von Befestigungen sollte bis zum Jahr 1204 jedem Angriff standhalten.

Bereits Konstantin hatte seine neue, christliche Residenzstadt mit großem Aufwand ausstatten lassen. Aus allen Reichsteilen wurden Kunstgegenstände nach Konstantinopel verschleppt und verwandelten die Neugründung bald in ein gigantisches Museum. Ein kontinuierlicher Bevölkerungszuwachs, anfangs nur durch Verleihung von Privilegien und mitunter durch Zwang erreicht, setzte ein. Konstantins Sohn Constantius II. (337–361) stellte die Stadt auch rechtlich mit Rom gleich und inaugurierte eine lange Reihe von Reliquienüberführungen in das Zentrum am Bosporus, das bald alles besaß, was auch Rom hatte – außer der großen Vergangenheit. Seit Arkadios (395–408) verließen die Kaiser Konstantinopel kaum mehr; damit entwickelte sich die Stadt zur dauerhaften Kaiserresidenz. In einer riesigen, prachtvoll ausgebauten Palastanlage, einer eigenen Stadt am Südostrand der Hauptstadt, residierten jetzt die oströmischen Kaiser, bewacht von speziellen Garderegimentern und umgeben von zahllosen Palastbeamten. Zugang zum Kaiser zu erhalten, war selbst für hochgestellte Persönlichkeiten so gut wie unmöglich. Der Herrscher selbst zeigte sich nur zu ganz besonderen Anlässen außerhalb des Palastes, etwa bei Gottesdiensten und Prozessionen oder bei den Rennen im Hippodrom. Dieser besaß eine eigene Kaiserloge (*kathisma*), die direkt mit dem Palast verbunden war. Der Hippodrom war der Kristallisationspunkt für die Kommunikation zwischen Kaiser und Volk. Hier wurden Wünsche und Forderungen, Kritik und Huldigungen gegenüber dem Kaiser artikuliert; hier konnte dieser die Stimmung in der Bevölkerung erkunden und politische Gesten (z. B. Hinrichtungen oder Begnadigungen) in einem zeremoniellen Rahmen umsetzen; hier wurden wichtige Anlässe wie Regierungsjubiläen, Hochzeiten im Kaiserhaus, Amtsantritte der Konsuln oder der Gründungstag Konstantinopels begangen. Der Hippodrom war das politische Zentrum der Stadt, wo sich Volk und Kaiser in einem zeremoniellen Rahmen begegneten.

Dadurch, daß die Kaiser seit dem frühen 5. Jahrhundert Konstantinopel kaum mehr verließen, wurde die Bevölkerung der Hauptstadt zunehmend zu einem wichtigen politischen Faktor; denn Unruhen in Konstantinopel konnten das Regime eines Herrschers gefährlich destabilisieren. Diese Grundkonstellation führte im 5. Jahrhundert zur Ausbildung einer labilen, stark ritualisierten Beziehung zwischen Kaiser und Volk. Um so wichtiger war, daß die Kaiser in der Lage waren, auf die Befindlichkeiten der Menge einzugehen. Die Bevölkerung Konstantinopels war besonders stolz auf ihre Frömmigkeit, und zwar auf ihre ‹rechtgläubige› (orthodoxe) Frömmigkeit, im Gegensatz zu den zahlreichen Häresien, also abweichenden, als falsch verdammten christlichen Glaubensrichtungen im Römischen Reich. Orthodoxe Frömmigkeit war die wichtigste Tugend, die man in der Hauptstadt vom Kaiser forderte, und so finden wir seit dem 5. Jahrhundert die Kaiser und ihre Familien verstärkt bemüht, durch demonstrative Akte der Frömmigkeitsbezeugung (z. B. demütige Teilnahme an Bußprozessionen) ihre Verbundenheit mit dem Volk zu demonstrieren.

Höhepunkte des öffentlichen Lebens waren die Wagenrennen im Hippodrom. Wie bei heutigen Derbies im Fußball war die Stadtbevölkerung in ihrer Anhängerschaft zwischen zwei Rennställen gespalten, den Grünen und den Blauen. Die Rivalität zwischen diesen sogenannten Zirkusparteien war erbittert und entlud sich immer wieder in blutigen Straßenschlachten. Man hat den beiden Parteien früher unterschiedliche christliche Bekenntnisse zugeordnet und ihre Auseinandersetzungen so als kirchenpolitische Kämpfe zu deuten versucht. Dies hat sich aber als unzutreffend erwiesen. Die Zugehörigkeit zu einer der Parteien war weder durch religiöse noch durch politische oder soziale Kriterien festgelegt, auch wenn einzelne Kaiser mitunter jeweils eine der Gruppen besonders favorisierten. Gefährlich werden konnten die Parteien – vor allem wegen ihrer Gewaltbereitschaft – aber trotzdem, insbesondere dann, wenn sie sich kurzfristig zusammentaten und gegen den Kaiser rebellierten. In solchen Fällen konnte die Situation brenzlig werden.

Nördlich des Kaiserpalastes lag der zentrale Platz Konstantinopels, das Augustaion. Hier befanden sich das Senatsgebäude, die Basilika, die prachtvollen Zeuxippos-Thermen und die Patriarchenkirche Hagia Sophia. Vom Augustaion aus führte die Hauptgeschäftsstraße, die *Mese*, nach Westen. Sie war das Zentrum des wirtschaftlichen Lebens, ihre Kolonnaden waren gesäumt von Buden und Ständen; zunächst passierte sie das Konstantinsforum, ein von Konstantin ursprünglich als Zentrum des städtischen Lebens konzipierter kreisförmiger Marktplatz, der von doppelstöckigen Arkaden umgeben war und in dessen Mitte sich die großartige Konstantinssäule erhob. Wenig später gelangte man auf der *Mese* zum üppig ausgestatteten Theodosiusforum (*Forum Tauri*) und schließlich zum Philadelphion, wo sich die Hochschule der Stadt befand. Dort gabelte sich die *Mese*: Der südliche Teil führte über das Arkadiosforum zum südlichen Ausgang der Stadtmauer, der nördliche Teil passierte unter anderem die Apostelkirche mit der Grablege Konstantins und seiner Nachfolger und führte zum Charisiostor im Norden der Stadt.

Die Stadt besaß mehrere Häfen, durch die das ständige Entladen der Getreideschiffe aus Ägypten ermöglicht wurde. Sie versorgten eine Bevölkerung, die kurz vor Ausbruch der Pest im Herbst 541 auf etwa 500 000–600 000 Menschen angewachsen war, so daß Justinian unmittelbar zuvor (539) einen eigenen Beamten einsetzen mußte, um den Zuzug in die Hauptstadt zu regulieren (*quaesitor*).

Justin gelang es offenbar schnell, in Konstantinopel Fuß zu fassen. Doch war er bereits ein älterer Mann von etwa 65 Jahren, als der wichtigste Moment in seiner Karriere gekommen war: In der Nacht zum 9. Juli 518 starb Kaiser Anastasios, ohne die Frage seiner Nachfolge geklärt zu haben. Stattdessen wurde

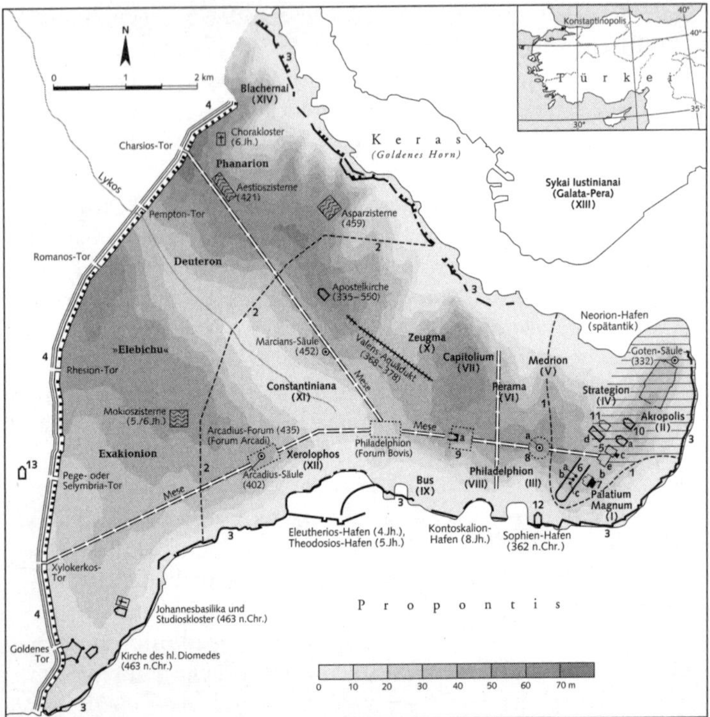

Byzantion-Konstantinopolis: Archäologischer Lageplan der erhaltenen und rekonstruierten Denkmäler (bis 8.Jh.n.Chr.)

Bereich der vorchristlichen Akropolis (Byzantion)

1. Mauer unter Septimius Severus (vermuteter Verlauf, 2.Jh.)
2. Konstantinische Mauer (vermuteter Verlauf)
3. Konstantinische Seemauer (älteste Teile beim Palastbezirk: nach 196 n.Chr.)
4. Theodosianische Mauer (Haupt-, Vormauer, Graben; vollendet um 413 n.Chr.)
5. Tetrastoon (severisch, 2.Jh.; später Augusteion)
   a. Hagia Sophia
   b. Kaiserpaläste
   c. Senat
   d. Verwaltungsbasiliken
   e. Zeuxipposthermen
6. Hippodrom (203 n.Chr., vergrößert nach 324 n.Chr.)
   a. Obelisk aus Karnak (15.Jh.) auf reliefiertem Marmorsockel (um 390 n.Chr.)
   b. Schlangensäule aus Delphi (479 v.Chr.)
   c. gemauerter Obelisk (um 400 n.Chr.?)
7. Palast des Lausos (5./6.Jh.)
8. Konstantin-Forum (frühes 4.Jh.) (Forum Constantini)
   a. Reste der Konstantin-Säule (328 n.Chr.)
   b. Nymphaion (nicht dargestellt)
   c. Tribunal (nicht dargestellt)
   d. Konstantinkapelle (nicht dargestellt)
9. Theodosius-Forum (372–393 n.Chr.) (Forum Tauri)
   a. Reste des Ehrenbogens
10. Hagia Eirene (nach 740 n.Chr., mit Teilen vom iustinian. Atrium und Narthex, nach 532 n.Chr.)
11. Reste der Chalkopraten-Kirche (5.Jh.)
12. Zentralbau der Sergios- und Bakchos-Kirche (527–536 n.Chr.)
13. Kirche der heiligen Maria zur Pege (555/56 n.Chr.)

Zeugma Konstantinische regio (I-XIV)
Elebichu Stadt-Viertel
Hauptstraßen
erhalten bzw. z.T. erhalten
rekonstruiert

Abb. 2: Stadtplan von Konstantinopel

im Palast rasch gehandelt, und zwar offensichtlich so, daß die drei Neffen des Anastasios von vornherein chancenlos waren. Hohe Hofbeamte, der Kommandeur der Palasttruppen (Justin), der Patriarch und Senatoren versuchten sich auf einen Kandidaten zu einigen. Verschiedene Namen wurden in rascher Folge gehandelt und fielen entweder durch oder die Betreffenden lehnten ab (so Justinian!); derweil versammelte sich im Hippodrom das Volk. Die Zeit drängte jetzt. Schließlich nominierten ausgerechnet die Senatoren (wohl nicht ganz freiwillig) Justin, und dieser konnte sich dann durchsetzen. Ein Grund dafür mag sein chalkedonisches Bekenntnis gewesen sein; vor allem aber verstand er es als *comes excubitorum* offenbar geschickt, das Militär in Gestalt der anwesenden Soldaten als den entscheidenden Machtfaktor auf seine Seite zu ziehen und seine Konkurrenten und deren Hintermänner – und natürlich auch den Senat – auf diese Weise auszumanövrieren. Überdies soll Bestechung im Spiel gewesen sein, auch von Rangeleien im Palast wird berichtet. Für die Zeitgenossen jedenfalls kam die Erhebung des betagten, ungebildeten Soldaten vollkommen überraschend. Die Oberschicht war düpiert, zumal Justin kurz darauf seine Ehefrau Lupicina unter dem wohlklingenden Namen Euphemia zur Augusta, also zur Kaiserin, erhob. Sie soll eine Sklavin barbarischer Herkunft gewesen sein; Justin habe sie, so Prokop, gekauft und zunächst zu seiner Konkubine gemacht.

Die Situation, auf die Justin beim Antritt seiner Herrschaft traf, war nicht einfach. Abgesehen von den eigenen Schwierigkeiten, seine neue Stellung zu festigen, stellte vor allem das sogenannte Akakianische Schisma (484–519) zwischen Rom und Konstantinopel eine schwere Belastung dar. Es handelte sich dabei um eine Kirchenspaltung, die sich aus der Religionspolitik Zenons (474–491) und Anastasios' ergeben hatte. Denn diese wurde von den Päpsten als allzu monophysitenfreundlich empfunden und war für sie daher inakzeptabel.

Aber auch sonst waren die Beziehungen Ostroms zum Westen nicht unkompliziert. Das Römische Reich war längst nicht mehr die alleinige Beherrscherin des Mittelmeerraums. Im Westen war das Kaisertum seit 476 sogar ganz erloschen. Als

Theodosius I., unter dessen Herrschaft das Reich zum letzten Mal vereint gewesen war, 395 starb, traten mit seinen Söhnen Arkadios (395–408) im Osten und Honorius (395–423) im Westen ein Jugendlicher im Alter von 17 und ein 10jähriger Knabe an seine Stelle. Honorius sollte es nie gelingen, eine selbständige, konsequente Politik zu betreiben. Die eigentliche Macht ging an die sogenannten Heermeister über, hohe Militärs zumeist germanischer Abkunft. Die erste unter diesen schillernden Gestalten war der Vandale Stilicho († 408), der wertvolle Ressourcen im Konflikt mit der oströmischen Führung vergeudete. Unter anderem dadurch konnte es den Westgoten unter Alarich im Jahr 410 gelingen, Rom zu erobern – ein Vorgang, der auf die Zeitgenossen gewaltigen Eindruck hinterließ und für tiefe Beklemmung sorgte. Zwischen Heiden und Christen brachen daraufhin scharfe Kontroversen über die Schuldfrage aus; diese Diskussion fand nicht zuletzt in Augustinus' *Gottesstaat* und dem Geschichtswerk des Orosius ihren Niederschlag. Die Westgoten gewannen schließlich Siedlungsraum in Südgallien (vor allem in Aquitanien), wo sie faktisch ein eigenes Reich begründeten (Tolosanisches Reich, 418–507). Bereits 413 hatte man auf Reichsgebiet die Ansiedlung von Burgunden in der Umgebung von Worms hinnehmen müssen; im Jahr 443 kam es nach einer schweren Auseinandersetzung mit ihnen (436) zu einer erneuten Ansiedlung in der Sapaudia (heute: Savoyen). Seit dem Rheinübergang von Alanen, Vandalen und Sueben in der Silvesternacht 406/07 mit seinen verheerenden Folgen waren die Zustände in Gallien ohnehin chaotisch. Ohne auf nennenswerten Widerstand zu stoßen, plünderten die eingefallenen Horden das Land; erst 409 zogen sie über die Pyrenäen weiter nach Spanien, wo sie den größten Teil des Landes übernahmen und unter sich verlosten. In Gallien wiederum war die Expansion der Franken nicht länger aufzuhalten. Sie beseitigten Ende des 5. Jahrhunderts die letzten römischen Enklaven und drängten 507 sogar die Westgoten über die Pyrenäen, wo diese ein neues Reich aufbauten (Toledanisches Reich). Britannien mußte schon in der 1. Hälfte des 5. Jahrhunderts ganz aufgegeben werden; die dort stationierten Soldaten wurden andernorts dringender benötigt. Nachdem im Jahr 429 ein von Geiserich geführtes Vandalenheer mit angeblich 80 000 Menschen nach Afrika übergesetzt war, brach auch in großen Teilen der dortigen Provinzen die römische Herrschaft zusammen. Der Kirchenvater Augustin starb 430 während der Belagerung von Hippo, 439 fiel Karthago. Von diesem Zeitpunkt an stellten vandalische Plünderungszüge eine ständige Gefahr für die westlichen Mittelmeerküsten dar. Mehrere Versuche, die afrikanischen Provinzen den Vandalen zu entreißen, scheiterten kläglich – darunter ein großangelegtes, von Konstantinopel und Ravenna (wohin sich die weströmische Führung aus Sicherheitsgründen mittlerweile zurückgezogen hatte) gemeinsam geplantes Unternehmen (468). So blieb den Römern schließlich nichts anderes übrig, als die Vandalenherrschaft in Nordafrika endgültig anzuerkennen (474).

Eine weitere schwere Bedrohung stellten im 5. Jahrhundert die Plünderungszüge der Hunnen dar; während der Osten sie notdürftig abwehren konnte, drohte dem Westen mit dem großen Hunneneinfall in Gallien unter Attila 451 eine Katastrophe. Dem weströmischen Heermeister Aëtius gelang es jedoch mit einer Koalition aus Römern, Westgoten und Franken, den Angriff in der legendenumwobenen Schlacht auf den Katalaunischen Feldern zurückzuschlagen. Ein Übergriff Attilas auf Italien im nächsten Jahr blieb weitgehend folgenlos. Nach dem Ende des Aëtius (454) und seines Mörders, Kaiser Valentinians III. (425–455), avancierte der Germane Rikimer († 472) zum dominierenden Heermeister im Westen. Unter seiner faktischen Herrschaft lösten einige kurzlebige Kaiser einander ab, bis der Skire Odoaker schließlich im Jahr 476 den letzten weströmischen Kaiser Romulus Augustulus ganz unspektakulär absetzte und mit einer feinen Pension ausgestattet auf ein Landgut bei Neapel schickte. Den Kaiserornat sandte er nach Konstantinopel mit dem Hinweis, daß man im Westen fortan keinen Kaiser mehr benötige. Odoaker herrschte nun als *rex Italiae*. Der oströmische Kaiser Zenon, selbst zu schwach für eine militärische Intervention im Westen, beauftragte 488 die Ostgoten unter Theoderich († 526), die sich damals in bedrückender Nähe zu Konstantinopel aufhielten, mit der Beseitigung Odoakers. Theoderich erledigte den Auftrag und tötete Odoaker im Jahr 493. Fortan war er Herrscher über Italien. In die letzten Jahre seiner Herrschaft fällt die Thronbesteigung Justins.

Auch am Oströmischen Reich waren die Unruhen im 5. Jahrhundert nicht spurlos vorübergegangen, doch hatte man ohne größere territoriale Einbußen zu überleben vermocht. Zwar stellten die Hunnen eine ernste Gefahr dar und blieb der Donauraum weiterhin unruhig, doch gelang es den Kaisern, die ohnehin größeren Ressourcen des Ostreichs effektiver für dessen Bestand einzusetzen. Vom Einfluß der germanischen Heerführer konnten sie sich nach einem blutigen Massaker unter den Goten in Konstantinopel im Jahr 400 allmählich befreien. Eine schwere Belastung stellte allerdings neben innenpolitischen Wirren (vor allem unter Kaiser Zenon) der verlustreiche Krieg gegen die Perser 502–506 dar. Gleichwohl konnte Anastasios seinem Nachfolger Justin einen Staatsschatz von 320 000 Goldpfund hinterlassen.

3. Ende der Zeiten?

Zeitgenossen dürften das Ende des Kaisertums im Westen kaum registriert haben. Für die meisten von ihnen änderte sich zunächst nichts, und längere Vakanzen nach dem Tod oder der Absetzung eines Kaisers war man im späten 5. Jahrhundert ohnehin gewöhnt. Doch vor allem im Osten setzte sich um die Wende zum 6. Jahrhundert zunehmend die ernüchternde Erkenntnis durch: Rom war gefallen, das Weströmische Reich existierte nicht mehr. So resümiert in frühjustinianischer Zeit der Chronist Marcellinus Comes kurz: «*Das westliche Reich des römischen Volkes, das als erster Octavian Augustus im 709. Jahr nach der Stadtgründung zu regieren begann, ging mit diesem [Romulus] Augustulus zugrunde, im 522. Jahr der Herrschaft der verstorbenen Kaiser; danach regierten Könige der Goten Rom*» (Marcellinus Comes, *ad annum* 476).

Diese auf den ersten Blick recht nüchtern anmutende Erkenntnis war erschreckend. Der Grund dafür lag in der verbreiteten Verknüpfung des Untergangs von Rom mit dem Ende der Welt, eine Verbindung, die schon seit einigen Jahrhunderten allen Christen geläufig war.

Jeder kannte die alttestamentliche Prophetie Daniels über die Abfolge der vier Weltreiche (Dan 2 u. 7), und die Identifizierung des letzten dieser Reiche mit dem *Imperium Romanum* war unumstritten. Die Frage bestand jedoch darin, *wann* das Ende Roms, d. h. die Wiederkehr Christi (Parusie) und damit auch das Ende der irdischen Welt zu erwarten sei. Schon die Evangelisten hatten von diesem Moment gekündet (Mt 24; Mk 13; Lk 17 u. 21), nannten jedoch keinen Zeitpunkt, sondern mahnten zu steter Wachsamkeit. Die von den frühen Christen jederzeit erwartete Parusie ließ aber zunehmend auf sich warten. Paulus erklärte dies geheimnisvoll mit einem hemmenden Moment (*katéchon*, 2 Thess 2,6–7), das seit etwa 200 n. Chr. nachweislich mit dem *Imperium Romanum* identifiziert wurde. Mit anderen Worten: Man war nun überzeugt davon, daß der Bestand des Reiches den irgendwann einmal zu erwartenden Weltuntergang hinausschob.

Mit dem Ausbleiben der Parusie stellte sich die Frage nach ihrem Zeitpunkt um so drängender. Aus Psalm 89 (90),4 leitete man die Gleichsetzung eines Schöpfungstages mit einem Jahrtausend ab, was eine Dauer der irdischen Welt von 6000 Jahren ergab. Seit dem frühen 3. Jahrhundert n. Chr. begannen Chronographen, den eigenen Standpunkt innerhalb dieser 6000 Jahre zu berechnen, datierten die Geburt Christi (d. h. unser Jahr 1) auf das Weltjahr 5500 und gelangten so zu dem Ergebnis, daß die Parusie in das Jahr 500 unserer christlichen Zeitrechnung fallen müsse. Hippolytus von Rom und Sextus Julius Africanus waren die ersten, die im 2. Viertel des 3. Jahrhunderts diese Theorie vertraten. Eine Reihe weiterer Chronographen folgte mit geringen Abweichungen ihrem Modell und sorgte für dessen zunehmende Popularität. Damit war klar: Unter der Herrschaft des Anastasios drohte das Ende der Welt.

So berichtet der syrische Chronist Josua Stylites in seiner 507 entstandenen, hochgradig eschatologischen Chronik von verbreiteten Ängsten vor dem unmittelbar bevorstehenden Weltende. Der unter Anastasios, Justin und Justinian wirkende Hymnendichter Romanos Melodos, dessen Verspredigten im Gottesdienst gesungen wurden, wähnte sich sogar bereits mitten in der Endzeit. Noch im späten 12. Jahrhundert weist der Chronist Michael Syrus auf den Ablauf der 6000 Jahre unter Anastasios hin. Kurz vor dem Herrschaftsantritt des Anastasios wurde in der sogenannten *Tübinger Theosophie*, einem fragmentarischen Orakeltext, die unmittelbar bevorstehende Wiederkehr Christi angekündigt. Konsullisten verzeichnen für jene Jahre das Auftreten des Antichrist – ebenfalls unverzichtbare Voraussetzung des Weltendes. Die Kirchenbautätigkeit im Römischen Reich nahm nun merklich zu – man schuf Wohnungen für Christus und die Heiligen, deren Ankunft man täglich erwartete. Auch das apokalyptische Schrifttum erhielt neue Impulse, wobei Anastasios als Endzeitkaiser fungierte. Im 503/04 entstandenen

Orakel von Baalbek heißt es dementsprechend: «*Und danach wird ein weiterer Kaiser erstehen, aus dem Westen, aus der Stadt Epidamnos, was auf Lateinisch Dyrrhachium heißt; der Name dieses Kaisers ist den Völkern verborgen, doch gleicht sein Name dem jüngsten Tag [...]. Wenn er seine Herrschaft erlangt hat, wird er Anastasios heißen*» (*Baalbek-Orakel* p. 19,161–166 Alexander). Anastasios wird hier nicht nur, weil er um 500 herrschte, zum Kaiser der Endzeit, sondern auch wegen seines Namens, der jeden Zeitgenossen an das griechische Wort *anástasis* (‹Auferstehung›) gemahnte und deshalb im Text dem jüngsten Tag gleicht. Daß ausgerechnet in dieser eschatologisch so aufgeladenen Phase ein Kaiser dieses Namens auf dem oströmischen Thron saß, konnte kein Zufall sein. Und dazu kam dann auch noch der Untergang Roms: Das paulinische *katéchon*, das hemmende Moment, existierte also nicht mehr. Die Endzeit war angebrochen!

Eschatologisch konnotierte Zeugnisse ziehen sich auch durch die gesamte Herrschaftszeit Justinians. Die Erwartung des baldigen Weltendes wurde nämlich noch durch einen weiteren Faktor bestärkt: Ausgerechnet unter Anastasios setzte eine nahezu ununterbrochene Reihe schwerster Katastrophen ein, die unter Justin und Justinian fortdauerte und die man geradezu als Endzeitzeichen interpretieren *mußte*: Erdbeben, Feuerbrände, Flutkatastrophen, Nordlichter, Kometen, Sonnenfinsternisse, Heuschreckenplagen, Seuchen und schwere militärische Niederlagen lösten einander ab und verbreiteten Furcht und Schrecken.

Die eigentliche Katastrophe aber bestand in etwas anderem: All die Bedrängnisse und Bedrückungen wären zu ertragen gewesen, wenn sie wirklich das bedeutet hätten, was man in ihnen zu sehen glaubte. Die Menschen benötigten zur Bewältigung ihres mühevollen Alltags feste Schemata, mit denen sie unvorhersehbares und unbeeinflußbares Geschehen erklären konnten. Zu diesen Deutungs- und Orientierungsmustern zählte auch die Apokalyptik, durch die Gegenwartsängste in eine feststehende Zukunft projiziert wurden und das eigene Leben einen Sinn innerhalb des Ablaufs der irdischen Geschichte erhielt. Sie bot die Erklärung der um 500 einsetzenden Katastrophen als

Indizien für den Beginn der Endzeit. Doch diese Erklärung erwies sich als falsch. Trotz des permanent andauernden Unheils blieb die Parusie Christi aus. Damit zerbrachen alte, tief verwurzelte Glaubensgewißheiten, ja ganze Weltbilder, ohne daß kurzfristiger Ersatz für sie bereitstand. Die christliche Eschatologie, das komplexe Produkt einer jahrhundertelangen Beschäftigung mit der Frage nach dem Ende der irdischen Zeit, geriet in Bewegung, desgleichen sogar die Zeitrechnung, die – wie bereits erwähnt – strikt auf das Epochenjahr 6000 hin ausgerichtet war. Justinian selbst mußte im Jahr 537 eingreifen und allgemeinverbindliche Kriterien für die Zeitrechnung festlegen (*Novelle* 47). Auch die Einführung der Datierung «nach Christus» durch den gotisch-römischen Mönch Dionysius Exiguus im Jahr 525 dürfte mit diesen Unsicherheiten zusammenhängen.

Justinian stand somit schon zu Beginn seiner Herrschaft vor vielfältigen und großen Aufgaben. Nicht zuletzt galt es, einer tief verunsicherten Bevölkerung klarzumachen, daß das Ende der Zeiten noch nicht gekommen war und daß auch die zahllosen Schicksalsschläge, die damals zu verkraften waren, nicht in diesem Sinne zu interpretieren waren. Mit großer Energie machte sich der Kaiser daran, an die Stelle der Endzeitängste und eschatologischen Spekulationen das optimistische Bild eines neuen Zeitalters, des Zeitalters Justinians zu setzen. Und zunächst sah auch alles danach aus, als ob Gott ihm dabei wohlwollend zur Seite stände.

4. «Der schlafloseste aller Kaiser» – Die frühen Jahre

Nachdem Justin in Konstantinopel Fuß gefaßt hatte, ließ er zu einem uns unbekannten Zeitpunkt seinen Neffen Petrus Sabbatius nachkommen und verschaffte ihm eine solide Ausbildung. Petrus, der sich später Flavius Petrus Sabbatius Justinianus nannte, war 481/82 in Taurisium, einem Dorf in der Nähe von Bederiana, geboren worden. Als Kaiser ließ er seinen Heimatort groß ausbauen und nicht weit entfernt mit Iustiniana Prima sogar eine neue Stadt als Sitz eines Erzbischofs errichten (535). Seine Mutter war eine Schwester Justins; von seinem Vater kennen wir nur den auf thrakische Herkunft verweisenden Namen: Sabbatius. Spätere Gerüchte behaupteten, Justinian sei von einem Dämon gezeugt worden. Geschichten dieser Art begegnen bei berühmten Persönlichkeiten in der Antike immer wieder. Am Hof machte der junge Mann schnell Karriere: In Anastasios' Todesnacht erscheint er als *candidatus* (Angehöriger einer Paradegarde im Palast), 519 führte er den Titel *comes* (der seine Nähe zum Kaiser signalisierte), noch vor seinem Konsulat bekleidete er das hohe militärische Hofamt des *magister equitum et peditum praesentalis* (und war somit nominell einer der höchsten Reichsgeneräle). Höhepunkt seiner Karriere war zunächst das Konsulat im Jahr 521. Dieses Amt hatte zwar im 6. Jahrhundert keine politische Bedeutung mehr, war für die Inhaber aber dennoch ein Höhepunkt im Rahmen einer hofnahen Laufbahn. Justinian soll damals die unerhörte Summe von 4000 Goldpfund für öffentliche Spektakel investiert haben und trug damit noch weiter zum ruinösen Charakter des Konsulats bei. Bald darauf erhielt er den hochangesehenen Titel *patricius*, der wiederum auf besondere Kaisernähe verwies. Wahrscheinlich – aber nicht sicher belegt – ist seine Adoption durch Justin.

Spätestens nach dem Herrschaftsantritt Justins fügte sich Justinian nahtlos in die Reihe junger, ambitionierter Aristokraten ein. Mit großer Vehemenz unterstützte er die Zirkusgruppe der Blauen – vielleicht, um sie als schlagkräftige, ihm ergebene Truppe einsetzen zu können. Er war schließlich nicht der einzige, der auf die Nachfolge des alten Kaisers Justin spekulierte. Jedenfalls sorgte er mit den Blauen offenbar für einige Unruhe und soll deswegen sogar einmal ins Gefängnis geworfen worden sein. Als Alleinherrscher ging er dann allerdings sofort streng gegen die Exzesse der Zirkusgruppen vor.

Zum guten Ton innerhalb der Oberschicht gehörte es auch, demonstrative christliche Nächstenliebe mit prestigeträchtiger Stiftungspolitik zu verbinden. In besonders vollendeter Form ließ sich dies in der Finanzierung von Kirchenbauten realisieren, und auch auf diesem Sektor wurde Justinian schon vor der Initiierung seiner großen Bauprojekte als Alleinherrscher aktiv. Freilich konnte die von ihm damals gestiftete Kirche für die Apostel Petrus und Paulus mit der nahezu zeitgleich erbauten monumentalen Polyeuktoskirche nicht konkurrieren. Ihre Stifterin Anicia Juliana, eine Tochter des weströmischen Kaisers Olybrius (472) und Enkelin Kaiser Valentinians III., die zudem mit Papst Hormisdas in Kontakt stand, wollte mit dem Gotteshaus den biblischen Tempel Salomons nachempfinden. Justinian gelang es erst, mit dem Neubau der Hagia Sophia (532–537) die Polyeuktoskirche in den Schatten zu stellen. Damals konnte er stolz verkünden, er habe selbst Salomon noch übertroffen.

In den Quellen wird immer wieder darauf hingewiesen, daß die Regierungszeit Justins als Doppelherrschaft mit Justinian begriffen wurde. Und in der Tat wird man bei vielen Entscheidungen Justins schon das Wirken seines Neffen im Hintergrund zu berücksichtigen haben, der sich nicht zuletzt dadurch eine glänzende Ausgangsposition in der anstehenden Frage der Nachfolge zu verschaffen vermochte. So ist es sehr wahrscheinlich, daß Justinian nach der Thronbesteigung Justins unter anderem an der Beseitigung machtpolitisch gefährlicher Personen maßgeblich mitgewirkt hat. Nur wenige Tage später wurde der Kammerherr Amantios als Hochverräter hingerichtet. Er hatte unter Anastasios großen Einfluß besessen und, da er selbst als Eunuch nicht Kaiser werden konnte, in den Wirren nach Anastasios' Tod einen eigenen Kandidaten ins Spiel gebracht. Sein monophysitisches Bekenntnis erleichterte seine Beseitigung. Schwieriger war es, mit dem Chalkedonier Vitalian fertig zu werden, dessen Anhang auch militärisch nicht zu unterschätzen war. Dieser gotischstämmige Reichsfeldherr hatte dreimal gegen Anastasios rebelliert, war zwar niedergeworfen worden, besaß aber dennoch großen Einfluß und gefährliche Kontakte zum Papst. Er war ein ernsthafter Konkurrent um die Nachfolge Justins. Um ihn besser kontrollieren zu können, holte Justin ihn als *magister militum praesentalis* nach Konstantinopel und ernannte ihn 520 zum Konsul. Noch im selben Jahr fiel Vitalian im Palast einem Anschlag zum Opfer; die Quellen bringen Justinian mit seiner Ermordung in Verbindung.

Im Jahr 527 war es dann soweit: Nachdem der erkrankte Justin seinen Neffen am 1. April zum Mitkaiser ernannte hatte, starb er nach einer kurzen Phase der Samtherrschaft am 1. August. Der Übergang vollzog sich reibungslos. Im Alter von 45 Jahren wurde Justinian Alleinherrscher über das *Imperium Romanum*.

Schon während der Zeit Justins I. hatte sich bei Justinian eine besondere Vorliebe für die Religionspolitik herauskristallisiert, und so hatte auf diesem Sektor auch bereits nach dem Tod des Anastasios ein epochaler Kurswechsel begonnen. Das drängendste Problem stellten das Akakianische Schisma und – damit verbunden – die Frage des Umgangs mit den Monophysiten dar. Der Monophysitismus (korrekter, aber weniger gebräuchlich ist die Bezeichnung Miaphysitismus) entwickelte sich zu einem der großen theologischen Streitpunkte, die in Spätantike und frühem Mittelalter die Kirche(n) – vor allem die des Ostens – nicht zur Ruhe kommen ließen. Die Probleme kreisten vor allem um die Frage, wie man sich die Trinität (d. h. die Dreieinigkeit Gottes aus Vater, Sohn und Heiligem Geist) vorzustellen habe. Besonders für Zeitgenossen, die mit der antiken Philosophie aufgewachsen waren, erschien das trinitarische Gottesverständnis vielfach nicht nachvollziehbar; denn Gottheiten, die man sich in so verschiedenen Erscheinungsformen vorstellte, wie den christlichen Gott, waren für sie schlichtweg nicht denkbar. Problematisch war vor allem die Frage, in welchem Verhältnis diese Erscheinungsformen – also Gottvater, Christus und der Heilige Geist – zueinander standen. War wirklich ein Sohn Gottes denkbar, der zwar einerseits als Gott dieselbe Göttlichkeit wie Gottvater besitzen und damit wie dieser ewig und ungeschaffen sein sollte, der aber trotzdem als Sohn ja eigentlich ein Geschöpf sein mußte? Dieses war der Konflikt, den im 4. Jahrhundert der alexandrinische Presbyter Arius und seine von ihren Gegnern Arianer genannten Anhänger und Nachfolger zuspitzten: Wenn Jesus ebenso wie Gottvater Gott war, dann mußte er auch wie dieser ewig und ungeschaffen sein. Wenn er aber als Gott ewig und ungeschaffen war, dann konnte er nicht gleichzeitig ein Sohn sein, denn Sohnschaft implizierte in griechischem Denken immer, erschaffen worden zu sein. Das Problem war mehr als akademisch, denn es warf die Frage auf, wer eigentlich am Kreuz gestorben war – Gott oder ein Geschöpf Gottes? Nicht zuletzt dank der politischen Unterstützung des Theodosius I. (379–395) setzte sich das trinitarische Dogma zunächst durch.

Hatte Maria also wirklich einen Gott geboren? Seit dem 5. Jahrhundert zogen dies, arianische Ansätze radikalisierend, die sogenannten Nestorianer in Zweifel, benannt nach Nestorios, der 428–431 als Bischof von Konstantinopel wirkte. Sie unterschieden strikt zwischen einer menschlichen und einer göttlichen Natur in Christus und wollten Maria nicht als ‹Gottesgebärerin› bezeichnet wissen. Wenn Christus aber – wie die Gegenmeinung lautete – sowohl Gott als auch Mensch war, wie hatte man sich dies dann vorzustellen? Existierten beide Naturen getrennt in Christus oder waren sie eine Verbindung eingegangen, und wenn letzteres zutraf, wie sah dann diese Verbindung aus? Immer wieder mußten sich große Reichskonzilien mit diesen existentiellen Fragen beschäftigen. Die sogenannten Arianer (besser: Homöer) wurden auf den Konzilien von Nicaea (325) und Konstantinopel (381) verurteilt, die Nestorianer auf dem Konzil von Ephesos (431). Diese Kirchenversammlungen wurden später als die ersten drei Ökumenischen Konzilien gezählt. Auf dem 4. Ökumenischen Konzil, dem Konzil von Chalkedon 451, wurde das Dogma von der einen Hypostase (Erscheinungsform) in zwei Naturen festgelegt. Bei dieser Zweinaturenlehre, der dyophysitischen Formel (dem sogenannten Chalcedonense), handelte es sich letztlich um ein theologisch subtil ausgefeiltes Konzept, um ein Wesen, das zugleich Gott und Mensch war, vorstellbar zu machen. Es wandte sich gegen die als allzu rigoros angesehene Scheidung von Göttlichem und Menschlichen in Christus durch die Nestorianer, es sollte aber zugleich auch verhindern, daß das Gewicht einer der beiden Naturen zu sehr in den Hintergrund trat, dadurch daß ihre Einheit übermäßig betont wurde. Das Chalcedonense wurde im Westen allseits akzeptiert. Im Osten jedoch, vor allem in Syrien und Ägypten, bildeten die Anhänger der These, daß menschliche und göttliche Natur in Christus zu einer Einheit verschmolzen seien – die Monophysiten (d. h. die Anhänger einer Einnaturenlehre) –, einen unruhigen und einflußreichen Faktor, auch wenn sie ihrerseits – wie zuvor vor allem schon die Arianer – in verschiedene, mehr oder minder strenge Gruppierungen gespalten waren.

Diese theologischen Probleme betrafen nicht nur eine kleine, gebildete Elite, wie man zunächst vielleicht vermuten könnte. Sie polarisierten vielmehr die gesamte Reichsbevölkerung, verbanden sich mit Spannungen zwischen den Regionen des *Imperium Romanum* und stellten dadurch politische Kräfte von eminenter Bedeutung dar. Die fehlende religiöse Einheit führte zu einer anhaltenden strukturellen Schwächung des Reiches. Nachdem der Versuch, mit dem Chalcedonense eine allgemein anerkannte Glaubensformel zu finden, gescheitert war, wagte Zenon 482 zusammen mit dem Patriarchen von Konstantinopel Akakios einen neuen Vorstoß und publizierte das sogenannte *Henotikón*. Dieses versuchte, vor allem mit Blick auf Ägypten, zwischen den beiden Extrempositionen zu vermitteln, scheiterte aber auf der ganzen Linie. Während den Monophysiten die Zugeständnisse nicht weit genug gingen, waren sie für die Kirche im Westen bereits inakzeptabel. Eine Kirchenspaltung, das bereits erwähnte Akakianische Schisma, war die mittelbare Folge.

Die Spannungen verschärften sich unter Anastasios, der offenkundig dem Monophysitismus zuneigte.

Erst Justin und Justinian konnten die Kircheneinheit zwischen Ost und West im Jahr 519 wiederherstellen. Ihr eigenes chalkedonisches Bekenntnis war über jeden Zweifel erhaben. Schon wenige Tage nach Justins Amtsantritt drängte auch das Volk von Konstantinopel auf die religionspolitische Wende. Bei Gottesdiensten und Versammlungen in der Hagia Sophia am 15. und 16. Juli wurde der unsichere, erst wenige Monate amtierende Patriarch Johannes II. (518–520) von der Menge gezwungen, Severos, den prominenten monophysitischen Patriarchen von Antiocheia (512–518), zu verdammen und sich statt dessen zu Papst Leo dem Großen (440–461) zu bekennen, unter dessen Pontifikat einst das Konzil von Chalkedon getagt hatte. Eine Bischofssynode in Konstantinopel schloß sich diesen Forderungen am 20. Juli an und wandte sich an Justin. Dieser eröffnete sogleich gemeinsam mit seinem Neffen eine umfangreiche Korrespondenz mit Papst Hormisdas. Er sei, wie er zunächst klarstellte, «*durch die Gunst erstens der unteilbaren Dreifaltigkeit, zweitens des erlauchtesten Adels unseres kaiserlichen Hofes und des allerehrwürdigsten Senates und ferner durch die Wahl des überaus tapferen Heeres*» zur Herrschaft gelangt (*Collectio Avellana* 141). Vom Volk ist dabei bezeichnenderweise keine Rede mehr. Dies war ganz im Sinne Justinians. Die chalkedonische Position des neuen Regimes wurde dem Papst gegenüber unmißverständlich zum Ausdruck gebracht. Am 25. März 519 traf eine päpstliche Delegation ein und besiegelte die Beendigung des Akakianischen Schismas.

Für die Monophysiten wurde die Lage jetzt schwierig. Mit Ausnahme Ägyptens, wo ihre Position so stark war, daß man von größeren Übergriffen zunächst absah, kam es in weiten Reichsteilen zu zahlreichen Bischofsabsetzungen (angeblich über fünfzig) und auch zu gewaltsamen Verfolgungen. Der monophysitische Kirchenhistoriker Johannes von Ephesos († ca. 589) berichtet in seinen *Leben der Heiligen des Orients* von den schweren Bedrückungen, denen die Monophysiten nach dem Herrschaftsantritt Justins und Justinians ausgesetzt waren, und schildert anschaulich die Schicksale einzelner Bekenner und sogar ganzer Klostergemeinschaften. Man darf jedoch aus den mitunter drastisch ausgestalteten Verfolgungsgemälden des Johannes und anderer Autoren nicht einfach auf eine durchgängige Welle blutiger Unterdrückungen schließen. Viele Beschreibungen wirken stark übertrieben, und im übrigen war die Schwere der Übergriffe vom Eifer der jeweiligen lokalen Amtsträger abhängig. Die Regierung in Konstantinopel gab nur die religionspolitischen Rahmenbedingungen vor, deren Ausfüllung den Magistraten vor Ort oblag. Der antiochenische Patriarch und angesehene Theologe Severos floh 518 wie viele andere nach Ägypten. Auf ihn folgte in Antiocheia Paulus (519–521), den Justin wegen seiner Greueltaten aber wieder abberief. Gemäßigter war sein Nachfolger Euphrasios, der 526 bei einem Erdbeben umkam und dessen Tod Johannes von Ephesos trotz allem als beispielhaft für das Schicksal eines Verfolgers ausmalte. Eine neue Qualität erreichten die Verfolgungen dann wieder unter dem ehemaligen Reichsbeamten Ephraem (527–545). Derweil begannen umherziehende monophysitische Kleriker mit dem Aufbau einer neuen, zunächst im Untergrund agierenden Gegenkirche.

Grundsätzlich läßt sich feststellen, daß die Repressionen nach der ersten großen Welle (ca. 519–522) zunächst einmal wieder abebbten. Justinian, dessen Frau Theodora ihre monophysitischen Neigungen nicht verhehlte und die selbst prominenten Monophysiten Asyl in Konstantinopel gewährte, suchte das Gespräch. Denn seine eigenen ausgeprägten theologischen Interessen machten die Kircheneinheit für ihn nicht nur zu einem politischen Ziel, sondern sogar zu seinem persönlichen Anliegen – allerdings nur insoweit sie sich mit seinem individuellen Bekenntnis vereinbaren ließ. Der Versuch, alle Reichsbewohner auf seine eigenen religiösen Präferenzen festzulegen (die er selbst für chalkedonisch hielt, obwohl sie starke monophysitische Implikationen enthielten), ist der Schlüssel zum Verständnis seiner Religionspolitik.

Zwischen 529 und 531 durften die verbannten Monophysiten zurückkehren, ja mehr noch: Justinian lud Vertreter der sehr gemäßigten Richtung des Severos zu einem Religionsgespräch nach Konstantinopel ein (Sommer 532); dieses verlief aber ergebnislos.

Welch hohen Preis der Kaiser zu zahlen bereit war, wenn es darum ging, seine eigenen theologischen Anschauungen durchzusetzen, wird vor allem aus der Kontroverse um die sogenannte theopaschitische Formel ersichtlich. Es handelte sich dabei um die Aussage, daß einer aus der Trinität am Kreuz gelitten habe (*unus de trinitate crucifixus est pro nobis*). Diese Formel galt als monophysitisch. Sie wurde 519 von einigen skythischen (d. h. gotischen) Mönchen in Konstantinopel verbreitet und sorgte nicht nur theologisch, sondern auch politisch für gefährliche Sprengkraft, denn die Mönche standen in einem engen Verhältnis zum unberechenbaren Vitalian. Justinian hatte zunächst Vorbehalte gegen die Formel, machte sie sich dann aber plötzlich zu eigen und wandte sich damit an Hormisdas. Der aber lehnte sie kategorisch ab. Justinian ließ in den folgenden Jahren nicht locker: Kurz nach Beginn seiner Alleinherrschaft schnitt er die Frage ganz kurz in einem programmatischen Glaubensbekenntnis an, das später als Gesetz in den *Codex Iustinianus* aufgenommen wurde (*Codex Iustinianus* 1,1,5). Deutlicher wurde er dann 533. In einer dogmatischen Verfügung an das Volk propagierte er nun die umstrittene Formel, versuchte danach den Patriarchen Epiphanios (520–535) dafür zu gewinnen und wandte sich schließlich an Papst Johannes II. (533–535). Mit der in Aussicht gestellten Unterordnung der östlichen Patriarchate (Konstantinopel, Alexandreia, Antiocheia, Jerusalem) unter die römische Kirche ließ sich Johannes zu einer verhaltenen Zustimmung bewegen. Sein Nachfolger Agapet (535–536), der sich 536 im Auftrag der ostgotischen Führung als Diplomat in Konstantinopel betätigte, verlangte indessen größere Zugeständnisse: Er erzwang die Absetzung des neuen konstantinopolitanischen Patriarchen Anthimos (535–536), formal wegen unkanonischer Wahl, tatsächlich jedoch wegen dessen monophysitischer Neigungen; ferner drang er auf die klare Anerkennung der hervorragenden Stellung des Papstes sowie auf eine unmißverständliche Distanzierung von den Monophysiten. Eine Synode in Konstantinopel verurteilte 536 daher Severos von Antiocheia. Justinian verlieh den Konzilsbeschlüssen Gesetzeskraft (*Novelle* 42). In harscher Distanzierung von den Monophysiten wurde jetzt in aller Deutlichkeit noch einmal die Autorität der vier Ökumenischen Konzilien, d. h. auch des Chalcedonense, betont.

Damit hatte Justinian gewonnen, doch der Preis war – wie angedeutet – hoch: Um eine als monophysitisch geltende Formel durchzusetzen, war der Kaiser gezwungen, den Dialog mit den Monophysiten endgültig aufzugeben. Allein aus diesem Grund darf man die Hartnäckigkeit Justinians in dieser Kontroverse nicht als Kompromißbemühung gegenüber den Monophysiten werten, wie es immer wieder geschieht. Zudem gefährdete Justinian die Unionsverhandlungen mit Rom, als er die theopaschitische Formel plötzlich auf das Tableau brachte. All dies läßt sich nur als Folge des Bemühens erklären, eigene religiöse Standpunkte zum allgemeinverbindlichen Dogma zu erheben. Der von Gott eingesetzte Kaiser war überzeugt davon, rechtmäßig zu handeln.

Der Kaiser versuchte nun rigoros, die aktuelle Schwächung der Monophysiten auszunutzen und das größtenteils monophysitische Ägypten für das Chalcedonense zu gewinnen. Dazu kamen ihm die Wirren nach dem Tod des alexandrinischen (monophysitischen) Patriarchen Timotheos IV. (III.) im Jahr 535 gerade recht. Nachdem auf Timotheos der Severianer (d. h. der gemäßigte Monophysit) Theodosios gefolgt war, bald aber durch Gaianos, der einer anderen monophysitischen Richtung anhing (dem Aphthartodoketismus, S. 91), unter Druck geriet und nur durch Narses (den wohl Theodora geschickt hatte) überhaupt gehalten werden konnte, berief Justinian ihn 537 nach Konstantinopel, um die Beschlüsse von Chalkedon zu unterschreiben. Als Theodosios dies verweigerte, setzte der Kaiser ihn 538 ab. Theodosios († 566) wurde eine der großen Identifikationsfiguren der Monophysiten. Justinian installierte an seiner statt den rigorosen Chalkedonier Paulos von Tabennesi (538–540), der aber nur mit militärischer Unterstützung überlebte, sich dann auch noch in eine Mordsache verstrickte und schließlich abgesetzt wurde. Sein Nachfolger wurde der gemäßigte Chalkedonier Zoilos aus Palästina (540–551); die Mehrheit der Ägypter sah aber weiterhin Theodosios als ihren Patriarchen an. Justinians Versuch einer chalkedonischen Restaurationspolitik in Ägypten blieb also letztlich erfolglos.

Auch auf anderen Feldern der Religionspolitik wurde Justinian sogleich aktiv. Das *Imperium Romanum* sollte eine religiöse Einheit bilden, und zwar unter einem gemeinsamen Glauben, wie ihn der Kaiser vorgab. Programmatisch beginnt der *Codex Iustinianus* (534) mit der Wiederholung des Glaubensgesetzes des Theodosius I. aus dem Jahr 380, das für alle Reichsbewohner den trinitarischen Glauben vorzuschreiben schien. Bereits in der kurzen Phase der Samtherrschaft Justins und Justinians war ein umfangreiches Gesetz gegen Häretiker, Manichäer und Samaritaner erlassen worden. Justinian sah in allen Christen, die von seinem persönlichen Bekenntnis abwichen, Häretiker. Ihre Verfolgung war ihm ein besonderes Anliegen, wie zahlreiche weitere Bestimmungen des *Codex Iustinianus* bezeugen. Der zeitgenössische Chronist Johannes Malalas nennt die Häretikerbekämpfung als eine Grundkonstante in der Politik Justinians. Seine Gesetze schlossen die Nicht-Orthodoxen (Heterodoxen) im Prinzip vom politischen, teils auch vom öffentlichen Leben aus. Der Schwerpunkt der Einschränkungen lag im Bereich des Vermögens- und Erbrechts, so daß auch die Kinder der Andersgläubigen von diesen Maßnahmen mitbetroffen waren. Versammlungsverbote wurden verhängt, der Neubau von Gotteshäusern verboten, bestehende konfisziert, desgleichen gab es Weihe- und Lehrverbote, Ausschlüsse aus öffentlichen Ämtern und dergleichen mehr. Besonders hart ging der Kaiser gegen die Glaubensgemeinschaft der Manichäer vor, denen Vertreibung und Tod drohte. Montanisten – Anhänger einer rigoristisch-asketischen Erweckerbewegung in Phrygien (Kleinasien) – sollen unter dem Druck der justinianischen Politik Massenselbstmord begangen haben.

Auch gegen die Heiden wandte sich der Kaiser. Da diese im 6. Jahrhundert aber ohnehin nur noch eine geringe Rolle spielten, waren seine Maßnahmen hier weniger konsequent und zielgerichtet. Vielfach werden Heiden in den Gesetzen gegen Heterodoxe einfach mitgenannt. Bedeutsam war ihre Bekämpfung dennoch, denn die Bezeichnung ‹Heide› konnte jetzt rasch zu einer politischen Waffe werden, da sie Widerstand gegen Justinians Idee eines *Imperium Christianum* suggerierte; damit war sie vielfältig einsetzbar. Malalas zufolge kam es wahrscheinlich im Jahr 528/29 zu einer großen, reichsweiten Heidenverfolgung. Zahlreiche Vermögen wurden konfisziert, noch verbliebene Heiden aus dem Staatsdienst entfernt, eine Reihe hochangesehener Männer fand den Tod. Offenbar nutzte Justinian die Verfolgung dazu, um ihm ergebene Personen in zentrale Positionen zu lancieren. Jedenfalls löste jetzt Tribonian den angeblich altgläubigen Thomas als *quaestor sacri palatii* (eine Art ‹Justizminister›) ab.

Groß war die Wirkungsgeschichte des 529 erlassenen Verbots, in Athen Philosophie und Astronomie zu lehren. Dies versetzte der traditionsreichen, einst von Platon gegründeten Akademie – neben der Schule von Alexandreia *das* Zentrum spätantiker Philosophie – den Todesstoß. Die Philosophen flohen zunächst an den Hof des Perserkönigs, wurden dort aber nicht glücklich, kehrten ins Römerreich zurück und siedelten sich zuletzt wahrscheinlich im mesopotamischen Karrhai (Harran) an.

Anders als früheren Kaisern ging es Justinian nicht nur um die Unterdrückung heidnischer Kulthandlungen, sondern er wollte wirkliche Gesinnungswandel erreichen. Auch dies war eine Konsequenz seines besonderen Sendungsbewußtseins.

Gegenüber den Juden wurde eine ältere Schutzbestimmung bestätigt, wonach sie und ihre Synagogen vor Übergriffen, die wegen ihres Glaubens erfolgten, geschützt sein sollten. Dennoch waren ihre Gemeinden nicht voll rechtsfähig; Kultfeste, die das Christentum düpierten, waren verboten. Auch durften Juden keine Christen heiraten, keine christlichen Sklaven kaufen und keine Christen beschneiden. Die Bekleidung öffentlicher Ämter, die ihnen Gewalt über Christen hätte verleihen können, war ihnen untersagt, ebenso der Neubau von Synagogen. Diesen und ähnlichen (teilweise schon älteren, von Justinian übernommenen) Einschränkungen standen jedoch auch

Schutzbestimmungen gegenüber. Sie betrafen die Achtung des Sabbats sowie anderer Festtage. Für innerjüdische Zivilangelegenheiten wurde ein von den Betroffenen gewählter Schiedsrichter respektiert, auf Einquartierungen von Soldaten in Synagogen wurde verzichtet. Diese, zumeist älteren Bestimmungen wurden verschiedentlich durch Justinian eingeschränkt. So galt die Achtung jüdischer Festtage jetzt nur noch, sofern dies die Christen nicht beeinträchtigte. Vielfach wurden Juden, wie schon die Heiden, in die Gesetzgebung gegen Heterodoxe miteinbezogen. Im Jahr 535 befahl Justinian sogar, die Synagogen im frisch eroberten Nordafrika in Kirchen umzuwandeln. Juden wurden mit den Pflichten, nicht aber auch mit den Rechten von Kurialen (städtischen Amtsträgern) ausgestattet.

Die ersten Jahre Justinians sind gekennzeichnet von einem rastlosen Reformeifer auf verschiedensten Gebieten, und Justinian wollte sein emsiges Tun auch so verstanden wissen. Immer wieder wies er in seinen Gesetzen auf seine «Schlaflosigkeit» (*agrypnía*) hin, d.h. auf sein permanentes Schaffen zum Wohl der Reichsbevölkerung, und ließ sich dafür preisen. Der gelehrte Verwaltungsbeamte Johannes Lydos spricht einmal von ihm als dem «schlaflosesten aller Kaiser» und brachte damit zum Ausdruck, daß Justinians Fleiß das Wirken seiner Vorgänger weit übertraf. Dieses Engagement konnte jedoch auch negativ ausgelegt werden. Was für die einen erfolgverheißender Reformeifer war, werteten andere, wie z.B. Prokop in seinen *Anekdota*, als übertriebene, unheilvolle Neuerungssucht.

Die erste große Reform Justinians richtete sich auf das Rechtswesen. Eine jahrhundertelange Tradition aufeinanderfolgender Konstitutionen (kaiserliche Verfügungen), Reskripte (kaiserliche Antworten auf Anfragen) und Rechtsgutachten hatte das römische Recht zunehmend widersprüchlich und unüberschaubar gemacht. Schon Ende des 3. Jahrhunderts waren mit dem *Codex Gregorianus* und dem *Codex Hermogenianus* private Sammlungen von Kaisergesetzen erstellt worden. Größer angelegt war die Kodifikation der Gesetze seit Konstantin, die Theodosius II. 438 vorlegte und die im darauffolgenden Jahr im gesamten Reich in Kraft trat (*Codex Theodo-*

sianus). Doch auch diese konnte nicht alle Probleme lösen. Justinian wollte Abhilfe schaffen: Am 13. Februar 528 erhielt eine 10köpfige Kommission den Auftrag, die noch verwendbaren Kaisergesetze zu sammeln, zu ordnen und, wenn nötig, leicht zu überarbeiten (sogenannte Interpolationen). Alle älteren Gesetzessammlungen verloren nach der ausgesprochen zügig erfolgten Publikation der neuen Sammlung, des *Codex Iustinianus*, im April 529 ihre Gültigkeit.

Erst während der Arbeit am *Codex* scheint sich der Plan entwickelt zu haben, auch die noch brauchbaren Schriften römischer Juristen zu sammeln und thematisch zu ordnen. Den Auftrag hierzu erhielt am 15. Dezember 530 eine weitere, siebzehnköpfige Kommission unter dem Vorsitz Tribonians, eines engen Vertrauten des Kaisers. Zehn Jahre veranschlagte Justinian für die Erarbeitung des monumentalen Werkes. Umso größer war seine Überraschung, als die Kommission schon nach drei Jahren annähernd 2000 Bücher exzerpiert hatte und ihm bereits im Dezember 533 die Inkraftsetzung der 50 Bücher umfassenden *Digesten* (bzw. *Pandekten*) ermöglichte, die als Entscheidungshilfen für Richter ebenfalls Gesetzeskraft erhielten.

Für Justinian war spätestens jetzt klar, daß Gott ihn mit besonderer Gunst gesegnet hatte. Denn nahezu gleichzeitig hatten seine Truppen das nordafrikanische Vandalenreich zerschlagen (Kap. 7), mit den Persern herrschte seit 532 ‹ewiger› Friede (S. 45), und jeglicher Widerstand gegen seine Herrschaft im Reich war im Januar 532 im Blut der aufständischen Massen ertränkt worden (Kap. 5). Allmählich begann bei Justinian der Gedanke zu reifen, daß noch mehr möglich war; so richtete er seinen Blick nun auf Italien, und der Gedanke eines großangelegten Restaurationswerkes – den Justinian keineswegs bereits bei seinem Herrschaftsantritt gehegt hatte – begann langsam zu reifen.

Nahezu gleichzeitig mit der Veröffentlichung (Promulgation) der *Digesten* hatte der Kaiser die *Institutiones*, ein Elementarbuch für das Rechtsstudium, in Kraft setzen können. Das großangelegte Kodifikationswerk erforderte darüber hinaus eine Reform des Rechtsstudiums; sie erfolgte ebenfalls noch 533.

Schon während der Arbeit an den *Digesten* zeichnete sich ab, daß der 529 in Kraft gesetzte *Codex* den Anforderungen nicht mehr genügte. Daher erschien im Jahr 534 eine überarbeitete zweite Auflage (die erste Auflage ist nicht erhalten) mit allen noch relevanten Kaisergesetzen seit Hadrian (117–138); sie schloß das Reformwerk ab, das seit dem 16. Jahrhundert unter dem Titel *Corpus Iuris Civilis* bekannt ist und für die europäische Rechtsgeschichte herausragende Bedeutung besitzt.

Auch nach 534 blieb Justinian weiterhin als unermüdlicher Gesetzgeber aktiv und erließ – insbesondere in den Jahren bis 542 – mehr als 150 weitere Gesetze (*Novellen*), die er ursprünglich in einer eigenen Sammlung zusammenfassen wollte, was jedoch nie geschah. Die heute bekannten Novellensammlungen hatten keinen offiziellen Charakter.

Die Inaugurations- bzw. Promulgationskonstitutionen der einzelnen Teilbereiche des Reformwerks sowie die Einleitungen der Novellen (*Praefationes*) stellen zentrale Quellen zur Selbstdarstellung und – was nicht dasselbe ist – zum Selbstverständnis des Kaisers dar. Dieser hat, so liest man in den Konstitutionen, das Recht der Gesetzgebung, vor allem aber auch die Fähigkeit dazu, von Gott erhalten. Und so wird der Kaiser selbst zum «lebendigen Gesetz» (*nómos émpsychos*, *lex animata*) für die Menschen (*Novelle* 105,2,4).

Das *Corpus Iuris Civilis* war vor allem eine Leistung Tribonians, und auch die späteren Novellen bis 542 sind Produkte intensiver Zusammenarbeit zwischen dem Kaiser und seinem hochgelehrten ‹Justizminister›. Tribonian steht stellvertretend für die ausgesprochen glückliche Personalpolitik des frühen Justinian, der ohne Rücksicht auf die alten Eliten junge, fähige, ihm ergebene und durchsetzungsfähige Männer in entscheidende Positionen berief, ganz gleich, wie gering ihre Herkunft war. Tribonian stammte aus dem kleinasiatischen Pamphylien und hatte römisches Recht an einer der großen Rechtsschulen in Berytos oder Konstantinopel studiert. Seit Beginn der Arbeiten am ersten *Codex* war er in das Kodifikationswerk involviert und entwickelte sich spätestens mit der Arbeit an den *Digesten* zur treibenden Kraft. Er besaß ausgesprochen gute Kenntnisse der römischen Geschichte, für die sich auch Justinian sehr interessierte; viele Einleitungen der unter Tribonian entstandenen Novellen spiegeln diese Neigungen der beiden in ausführlichen historisierenden Exkursen, die zugleich auch Justinian als traditionsbewußten Kaiser zu präsentieren vermochten. Im Jahr 529 ernannte Justinian Tribonian zu seinem *quaestor sacri palatii*, und dieses Amt behielt er, abgesehen von einer kurzen, durch den Nika-Aufstand bedingten Absetzung, bis zu seinem Tod. Er starb wahrscheinlich im Jahr 542. Wie wohl viele Angehörige der alten Elite verachtete der Geschichtsschreiber Prokop den Aufsteiger und warf ihm Habsucht, Käuflichkeit und Zynismus vor. Zudem kursierten Gerüchte, Tribonian sei Heide, ja Atheist gewesen. Seiner Karriere, die erst während der Heidenverfolgung 528/29 begann, hat dieses Gerede jedenfalls nicht geschadet.

Eine schwere Belastungsprobe für den Kaiser stellte allerdings der Krieg gegen die Perser dar, der noch unter Justin ausgebrochen war. Spannungen zwischen beiden Mächten setzten ein, als der König der an der Ostküste des Schwarzen Meeres beheimateten Lazen 521/22 nach Konstantinopel reiste und sich dort taufen und krönen ließ. Der Perserkönig Kabades (488–531) protestierte, denn er betrachtete die Kaukasusregion als persische Einflußsphäre. Noch schwieriger wurde die Situation, als Justin eine Bitte des Kabades um Adoption seines Sohnes Chosroes ablehnen mußte; Justins Berater hatten den Kaiser davor gewarnt, daß daraus möglicherweise persische Ansprüche auf den römischen Kaiserthron erwachsen könnten.

Durch die Stärkung der römischen Position in Lazika nahm der persische Druck auf das östlich angrenzende Iberien zu. Der Ibererkönig Gurgenes wandte sich an Justin. Nun brach der Krieg offen aus, doch begnügten sich die Römer bald damit, den größten Teil Lazikas unter Kontrolle zu halten, während die Perser sich mit Iberien zufrieden gaben.

Doch die Feindseligkeiten griffen jetzt auch auf das direkte Grenzgebiet zwischen beiden Großreichen über, und hier war die Position Justinians denkbar ungünstig. Flutkatastrophen,

Brände und Erdbeben hatten zwischen 525 und 528 wichtige Städte des Ostens in Trümmer gelegt, so Antiocheia und Edessa. An eine offensive Strategie war nicht zu denken, zumal nicht nur die Perser in Schach gehalten werden mußten, sondern auch der mit ihnen verbündete Araberfürst al-Mundhir, der immer wieder gefährliche Plünderungszüge unternahm und 529 sogar bis kurz vor Antiocheia vorstieß. Dabei soll er 400 Frauen entführt und geopfert haben. Justinian bot alles auf, was ihm angesichts der desolaten Zustände an der Ostgrenze zur Verfügung stand. Überraschende Beutezüge nach Persarmenien sollten persische Kräfte binden; ein Bündnis mit einem anderen Araberfürsten, dem Ghassaniden al-Harith, sollte den Lakhmiden al-Mundhir neutralisieren. Befestigungen wurden notdürftig errichtet, Armenien militärisch neuorganisiert. Senatoren aus Konstantinopel wurden in bedrohte Städte des Ostens gesandt und erhielten den wenig attraktiven Auftrag, ihre Verteidigung für den Ernstfall zu organisieren. Justinians eigentliche Trümpfe hießen jedoch Belisar und Sittas. Sittas zählte schon vor Justinians Herrschaft zu dessen Leibwächtern und Vertrauten. Er verfügte über eine außerordentliche militärische Begabung, vermochte das kleine Volk der Tzanen zu unterwerfen und bekleidete als erster das 528 neu geschaffene Amt des *magister militum per Armeniam* (oberster Feldherr in Armenien). Seine aussichtsreiche Karriere nahm jedoch 538/39 ein jähes Ende, als er in einem Scharmützel fiel. Auch Belisar hatte dem noch jungen Justinian als Leibwächter gedient. Er stammte aus Germania im thrakisch-illyrischen Grenzgebiet und war 527 ebenso wie Sittas noch ein junger Mann, dessen militärische Qualitäten sich damals jedoch bereits angedeutet haben müssen. Er wurde zum bedeutendsten Feldherrn unter Justinian, dem er stets unterwürfig ergeben blieb – trotz aller Widrigkeiten. Denn der Kaiser beargwöhnte den schnell wachsenden Ruhm und die Beliebtheit seines Generalissimus, zumal dieser immer wieder – wohl zu Unrecht – mit Verschwörungsgerüchten in Verbindung gebracht wurde. Aus diesem Grund verlief Belisars Karriere wechselvoll, gezeichnet von grandiosen militärischen Erfolgen, aber auch von gezielten Demütigungen durch den Kaiser, der aber andererseits bis zu seinem Ende nicht auf Belisar verzichten konnte.

Dies alles war 529 freilich noch nicht absehbar. Damals ernannte Justinian Belisar zum *magister militum per Orientem*. Die Lage spitzte sich zu: In Palästina brach ein Aufstand der Samaritaner aus, einer Glaubensgemeinschaft, die sich einst vom Judentum abgespalten hatte. Sie revoltierten gegen Justinians unnachgiebige Religionspolitik, erhoben einen eigenen König und boten den Persern ihre Unterstützung an. Justinian ließ ihren Aufstand 530 mit äußerster Brutalität unterdrücken. 20 000 Samaritaner sollen ums Leben gekommen, weitere 50 000 geflohen sein. Mit dem Verkauf von angeblich 20 000 samaritanischen Kindern in die Sklaverei sollte möglicherweise ihr Nachwuchs ausgelöscht werden.

Der Perserkönig Kabades nutzte die Wirren im römischen Reich und griff 530 an. Doch Belisar war vorbereitet. Die Perser wurden bei der noch von Kaiser Anastasios errichteten Grenzfestung Dara entscheidend geschlagen; gleichzeitig erzielte Sittas Erfolge in Armenien. Zähneknirschend kehrte Kabades an den Verhandlungstisch zurück, doch nur, um 531 erneut anzugreifen. Dieses Mal mußte Belisar (bei Kallinikon) eine empfindliche Niederlage einstecken. Der erzürnte Kaiser berief ihn zurück nach Konstantinopel. Doch die Lage änderte sich neuerlich: Kabades verstarb, sein Sohn Chosroes I. (531–579) – in den nächsten Jahrzehnten der große Gegenspieler Justinians – mußte seine Macht zunächst gegen innere Widerstände festigen und war zum Einlenken bereit. Im Sommer 532 wurde der ‹ewige› Friede zwischen beiden Mächten geschlossen. Die Römer verpflichteten sich zu einer einmaligen Zahlung von 11 000 Goldpfund, konnten also die ehrenrührige Erstattung jährlicher Tribute vermeiden. Gleichzeitig erhielten sie zwei wichtige Grenzfestungen in Lazika von den Persern zurück. Gemessen an ihrer ungünstigen Ausgangslage im Osten ist dieser Vertrag keinesfalls ein teurer Tributfrieden, wie oft gemutmaßt wurde, sondern kann durchaus als Erfolg betrachtet werden. Die damit eintretende (freilich trügerische) Ruhe im Osten gab Justinian die Möglichkeiten für seine Interventionen im Westen (gegen Vandalen und Ostgoten). Dies bedeutet aber nicht, daß der Vertrag mit den Persern schon zu diesem Zweck geschlossen wurde. Das vielbeschworene Restaurationsprogramm Justinians existierte 532 noch nicht.

5. Konsolidierung der Herrschaft: Der Nika-Aufstand

Im Januar 532 brannte Konstantinopel. Gut 10 Tage lang revoltierte die Bevölkerung und zog plündernd und brandschatzend durch die Straßen der Hauptstadt, bis Justinian die Unruhen schließlich brutal niederschlagen ließ.

Die Atmosphäre in Konstantinopel zu Beginn des Jahres 532 war aufgeladen; das anhaltende Bevölkerungswachstum hatte die Stadt an den Rand eines Kollapses gebracht. Hinzu kam, daß seit knapp einem Jahr das skrupellose Finanzgenie Johannes der Kappadoker als *praefectus praetorio Orientis*, d. h. als Chef der Reichsverwaltung, amtierte und sich bemühte, überall neue Geldquellen für den Kaiser aufzuspüren. Zahllose verarmte Reichsbewohner strömten seither in die Hauptstadt. Die angeheizte Stimmung entlud sich unter anderem in verstärkten Unruhen unter den Zirkusparteien, die sich erbitterte Kämpfe lieferten. Es gab Todesopfer unter den Grünen; offenbar entkamen die Täter, was die Grünen zu einer Beschwerde veranlaßte. Daraufhin kam es zu einem scharfen Wortwechsel mit einem kaiserlichen Bevollmächtigen (*mandator*) im Hippodrom. Nicht ganz sicher ist, ob dieser ‹Zirkusdialog› in unmittelbarer Verbindung zum anschließenden Aufstand steht, aber einiges spricht dafür. Der *mandator* weist die Vorwürfe der Grünen brüsk zurück, beschimpft sie als Juden, Manichäer und Samaritaner und droht mit schwerer Strafe. Daraufhin stellen die Grünen offen den göttlichen Herrschaftsauftrag Justinians infrage. Die inzwischen hinzugeeilten Blauen provozieren die Grünen noch weiter. Unter Flüchen und Gewaltandrohungen ziehen diese schließlich ab.

Justinian muß gewußt haben, daß die Lage jetzt jederzeit eskalieren konnte und daß sensibles Handeln das Gebot der Stunde war. Um so erstaunlicher ist sein weiteres Vorgehen gegenüber den Zirkusgruppen. Es nährt Zweifel daran, ob der bald ausbrechende Aufstand wirklich allein vom Volk ausging, und eine Reihe sonderbarer Nachrichten in den Quellen spricht in der Tat zunächst einmal dagegen. Hat der Kaiser gezielt die Eskalation gesucht?

Nach dem Wortwechsel kommt es zu erneuten Zusammenstößen zwischen den Parteien. Der Stadtpräfekt Eudaimon greift daraufhin hart durch und verurteilt sieben Aufrührer zum Tode, drei von ihnen durch Kreuzigung. Zuvor jedoch werden sie in einer Schandparade durch die Stadt geführt; die Stimmung beginnt zu kochen – war diese Entehrung wirklich nötig? Es folgen die Hinrichtungen; bei zwei der zu Kreuzigenden, einem Grünen und einem Blauen, bricht jedoch das Holz. Auch ein zweiter Versuch der Exekution mißlingt. Ein Zufall? Ein Gottesurteil? Das Volk fordert Gnade für die Delinquenten. Beide Zirkusparteien haben nun dasselbe Anliegen und finden dadurch zusammen. Mönche eines nahegelegenen Klosters können schließlich die beiden Verurteilten in Gewahrsam nehmen und unter Kirchenasyl stellen. Die Soldaten versuchen sonderbarerweise nicht, dies zu verhindern. Immerhin wird die entsprechende Kirche umstellt.

Drei Tage später finden Wagenrennen im Hippodrom statt. Gemeinsam fordern die Parteien in Sprechchören die Begnadigung ihrer beiden Mitglieder. Doch der Kaiser schweigt, obwohl er ohne Zweifel wußte, welche Konsequenzen dies nach sich ziehen würde, denn Aufstände in Konstantinopel folgten festen Gesetzen: Unter der Parole «Nika» (‹Sieg!›) schließen sich die Gruppen zusammen und stürmen aus dem Zirkus. Ziel ist das Prätorium, der Sitz des Stadtpräfekten an der *Mese*. Dort wird erneut die Freilassung der Delinquenten gefordert – wiederum erfolgt keine Reaktion. Daraufhin setzt die Menge das Gebäude in Brand. Der Aufstand hat begonnen.

Am nächsten Tag setzt Justinian die Rennen fort. Doch das Volk hat andere Sorgen. Es fordert jetzt die Entlassung Johannes des Kappadokers, Tribonians und Eudaimons – kein Wort mehr von den Gefangenen. Justinian reagiert sofort und entläßt die drei Beamten, ein offenkundiges Signal eigener Schwäche. Unter oppositionellen Senatoren mag in dieser Lage der Gedanke aufgekeimt sein, daß möglicherweise noch ganz andere Veränderungen möglich seien, und sie werden begonnen haben, ihre Ränke zu schmieden. Sonderbarerweise wartet der Kaiser gar nicht erst ab, ob die Entlassung der Beamten die Gemüter beruhigt; stattdessen schickt er Belisar mit einer Schar treuer Soldaten in die Straßen, obwohl jedermann weiß, daß Straßenkämpfe in Konstantinopel nicht zu gewinnen sind und lediglich weitere Aggressionen erzeugen. Und so geschieht es denn auch: Die Menge zieht zum Haus des Probos, eines Neffen des Anastasios, und ruft ihn zum neuen Herrscher aus. Justinian soll gestürzt werden! Probos jedoch ist vorgewarnt worden und hat sich davongemacht. Wutentbrannt zünden die Massen sein Haus an. Justinian ist sich der Tatsache bewußt: Wenn das Volk bereit ist, sogar Probos, den unbedeutendsten der drei Neffen des Anastasios, zum Kaiser auszurufen, dann wird es den ungleich bekannteren Hypatios erst recht akzeptieren. Inzwischen brennt das Stadtzentrum; Augustaion, Hagia Sophia, die Zeuxippos-Thermen und andere Prachtbauten verwandeln sich in ein Trümmerfeld. Weitere Truppen kämpfen in den Straßen gegen die Aufständischen. Einem Gerücht zufolge bereitet der Kaiser seine Flucht vor – wieder ein Zeichen seines Wankelmutes und seiner Schwäche.

Zunächst aber trifft er eine weitere sonderbare, ja absurde Entscheidung: Er befiehlt den in seiner Umgebung befindlichen Anastasios-Neffen Hypatios und Pompeios, den Palast zu verlassen – angeblich, um ihre Häuser vor der Menge zu sichern. Hypatios aber weiß genau, was geschehen wird, sobald er auf den Straßen erscheint: Das Volk wird ihn zum Kaiser ausrufen; darum bittet er, bei Justinian bleiben zu dürfen. Dieser jedoch hat bereits einen klaren Plan: Hypatios solle sich scheinbar zum Kaiser erheben lassen und das Volk zur Krönung in den Hippodrom locken, wo Belisars Truppen den Aufstand dann niederschlagen sollen.

Die Ereignisse treiben auf ihr blutiges Finale zu: Justinian erscheint ängstlich mit einem Evangeliar im Hippodrom und stellt eine Amnestie in Aussicht; doch bevor das Volk richtig reagieren kann, verschwindet er auch schon wieder im Palast. Inzwischen hat die Menge Hypatios entdeckt, proklamiert ihn zum Kaiser und geleitet ihn zum Hippodrom. Hypatios läßt Justinian benachrichtigen, daß das Volk versammelt sei und er nun zuschlagen könne. Sein Bote wird aber abgefangen und mit der Nachricht, der Kaiser sei geflohen, zurückgeschickt. Jetzt beginnt Hypatios, sich mit der Rolle des Herrschers anzufreunden. Auch die bisher verdeckt im Hintergrund agierenden oppositionellen Senatoren treten nun, im Gefühl der Sicherheit, aus dem Dunkel der Anonymität hervor. Plötzlich wird klar, wer bisher zu den Feinden des Kaisers gezählt hat. Und mehr hat Justinian, der natürlich nicht geflohen ist, auch gar nicht wissen wollen. Der Kammerherr Narses und seine Leute betreten jetzt den Hippodrom und beginnen, das Volk zu bestechen. Durcheinander entsteht, die Lage wird immer verworrener. Da stürmen Belisar und Mundos, ein weiterer zuverlässiger Feldherr, mit Soldaten den Zirkus und hauen alles nieder.

Zwischen 30 000 und 35 000 Menschen finden an diesem Tag im Hippodrom den Tod. Namhafte Senatoren, die sich ihres Triumphes allzu früh allzu sicher waren, wandern ins Exil. Ihre Vermögen werden konfisziert. Hypatios und Pompeios werden als Usurpatoren hingerichtet, Probos kommt mit Verbannung davon, wird später sogar (wie einige andere) begnadigt. Kaiserlicher Terror herrscht in der Stadt. «*Und große Furcht kam auf*», resümiert der Chronist Theophanes, «*und es trat Ruhe in der Stadt ein, und für lange Zeit gab es keine Wagenrennen mehr*» (Theoph. *a. m.* 6024).

Erhebungen gegen den Kaiser waren im spätantiken Konstantinopel keine Seltenheit, und doch wird dem Nika-Aufstand in der Regel eine außergewöhnliche Bedeutung zugemessen. Man darf sich dabei aber nicht täuschen lassen: Es sind vor allem die ungewöhnlich hohe Zahl der Opfer, die Schwere der Verwüstungen und die vergleichsweise zahlreichen Quellen, die den Ereignissen eine scheinbare Besonderheit verleihen. Das eigentliche Spezifikum der Nika-Revolte liegt hingegen in der Rolle des Kaisers. So wie das Geschehen abgelaufen ist, kann man sich eines furchtbaren Verdachtes kaum erwehren: Der Aufstand war vom Kaiser gewollt, er wurde gezielt provoziert und bewußt zum blutigen Finale getrieben. Justinians Ziel war es offensichtlich, sich nach außen als schwach, gefährdet, ja zur Flucht entschlossen zu präsentieren. Dadurch sollten seine einflußreichsten Gegner sich gestärkt fühlen und aus ihrer Anonymität heraustreten. Nachdem dies geschehen war, konnte der Kaiser sie vernichten und zugleich dem Volk eine Demonstration seiner Unnachgiebigkeit geben. Analysiert man die Quellen genauer, so stellt man rasch fest: Justinians Stellung war zu keinem Zeitpunkt wirklich gefährdet, weder in Konstantinopel, wo ihn der treu ergebene Belisar mit seinen Leuten schirmte, noch nach außen: Der Perserkönig Chosroes, in innere Schwierigkeiten verstrickt, wollte Frieden.

Oberflächlich betrachtet hatte Justinian Erfolg. Nennenswerten senatorischen Widerstand gegen seine Herrschaft gab es nach 532 nicht mehr. Auch das Volk von Konstantinopel war eingeschüchtert; erst 547 sollten wieder neue Unruhen ausbrechen.

Das ganze Reich sollte erfahren, wie entschlossen Justinian zu handeln imstande war: Unmittelbar nach der Niederwerfung des Aufstandes ließ der Kaiser Berichte über die Geschehnisse im gesamten Reich versenden. Offiziell galten jetzt Hypatios und Pompeios als Schuldige, als Usurpatoren, deren Erhebung man lediglich erfolgreich abgewehrt hatte.

Doch die Bevölkerung wollte sich mit dieser Lesart der Ereignisse nicht zufrieden geben. So war das einzige, was Justinian bei der gesamten Angelegenheit offenbar unterschätzt hatte, sein enormer und lang andauernder Popularitätsverlust. Noch in den 30er Jahren verbreitet Romanos Melodos daher in einer seiner Verspredigten die These, das brutale Massaker sei eine göttliche Strafe für menschliche Sünden gewesen, die durch den Kaiser lediglich vollstreckt wurde. Prokop stößt Jahre später in den *Bauten* – einer offiziellen Lobschrift auf Justinian – in dasselbe Horn. Und schließlich versuchte man sogar, die Schuld auf Johannes den Kappadoker abzuwälzen, der 541 ohnehin in Ungnade gefallen war.

Konstantinopel jedenfalls lag in Trümmern – für den Kaiser die Gelegenheit, sein grandioses Bauprogramm zu forcieren,

Abb. 3: Hagia Sophia (Konstantinopel), Außenansicht.

dessen Ergebnis sich punktuell heute noch erahnen läßt, vor allem wenn man den Prachtbau der Hagia Sophia ins Auge faßt.

Dieser gewaltige Kuppelbau, Vorbild zahlreicher byzantinischer Kirchen und heute die größte Moschee Istanbuls, konnte bereits 537 eingeweiht werden. Ihre überwältigende Ausstattung läßt sich aus Prokops *Bauten* (frühe 50er Jahre) und einer 562 von Paulos Silentiarios verfaßten Beschreibung (*Ekphrasis*) der Kirche rekonstruieren. Die Planungen müssen schon vor dem Nika-Aufstand abgeschlossen gewesen sein, der Brand 532 kam Justinian somit zumindest nicht ungelegen. Die Baumeister, der skurril-geniale Anthemios von Tralleis und Isidor von Milet, bieten weitere Beispiele für Justinians glückliche Hand bei der Auswahl außergewöhnlicher Begabungen.

Hauptquelle für Justinians Bauten in Konstantinopel und im gesamten Reich (mit Ausnahme Italiens) sind neben den archäologischen Relikten die *Bauten* Prokops, in denen es vor

Abb. 4: Das Katharinenkloster im Sinai (erbaut nach 548). Justinian ließ es der Gottesmutter weihen. Die Reliquien der Heiligen Katharina wurden erst im Mittelalter hierher überführt.

Abb. 5: San Vitale (Ravenna), Justinian-Mosaik.

allem um Kirchenbau und – angesichts ständiger feindlicher Einfälle in Reichsgebiet – um Grenzbefestigungen sowie die Einrichtung von Wasserversorgungen geht. Prokop beschreibt zunächst Justinians Kirchenbauten in Konstantinopel, so z. B. die Hagia Eirene (direkt neben der Hagia Sophia), die Sergius-Bacchus-Kirche, den Neubau der Apostelkirche sowie verschiedene Marienkirchen. Generell scheinen, resultierend aus einer zunehmenden Marienfrömmigkeit im 6. Jahrhundert, gerade Marienkirchen dem Kaiser ein besonderes Anliegen gewesen zu sein, wie nicht nur Prokop ausdrücklich hervorhebt (*aed.* 1,3,1). Allein in Konstantinopel entstanden drei Kirchen für Maria, weitere im übrigen Reich, wie z. B. 543 die *Nea* in Jerusalem oder das befestigte Katharinenkloster im Sinai-Massiv aus spätjustinianischer Zeit.

Unter Justinian, wenn auch nicht von ihm finanziert, wurden 547 auch *San Vitale* (mit den berühmten Justinian-Theodora-Mosaiken) und 549 *San Apollinare in Classe* in Ravenna vollendet. Insgesamt soll der Kaiser 96 Kirchen gebaut haben. Trotzdem ist Prokops Behauptung, Justinian habe den Kirchenbau für sich monopolisiert (*aed.* 1,8,5), sicherlich unzutreffend. Aber sie sagt einiges aus über den Anspruch, den der Kaiser erhob.

Unter den zahllosen Profanbauten Justinians sind neben den Repräsentations- und Versorgungsbauten in der Hauptstadt (z. B. die *Chalke* – die Vorhalle des Kaiserpalastes –, die Kurie, das Reiterstandbild auf dem Augustaion oder die unterirdischen Zisternen, aber auch Waisenhäuser und Spitäler) vor allem seine Grenzbefestigungen von besonderer Bedeutung. Daneben bemühte er sich, Städte wiederaufzubauen, die unter Naturkatastrophen oder Eroberungen schwer gelitten hatten, so z. B. Antiocheia, das aber – wie einige andere Städte auch – trotz aller Bemühungen nach den Katastrophen von 525–528 und 540 seine alte Pracht nicht mehr erreichte. Auch das großzügig ausgestattete Iustiniana Prima versank bereits im frühen 7. Jahrhundert in Bedeutungslosigkeit. Gleichwohl gilt Justinian sicherlich zu Recht als der größte Bauherr der Spätantike. Keiner seiner Vorgänger und Nachfolger hat den Anspruch eines christlichen Herrschers, durch kirchliche und profane Bauten Frömmigkeit, Nächstenliebe und Sorge um das Wohl der Bevölkerung zu demonstrieren, in derart umfassender Weise verwirklicht wie Justinian.

6. Schauspielerin, Prostituierte, fromme Kaiserin: Der Mythos Theodora

Ängstlich hatte sich Justinian mit einer Handvoll Getreuer in seinem Palast verkrochen, als draußen der Nika-Aufstand tobte – so berichtet es jedenfalls Prokop. Der zaudernde Herrscher habe gar die Flucht erwogen, als plötzlich Theodora das Wort ergriff: Niemals werde sie fliehen, niemals kampflos ihre Stellung als Kaiserin aufgeben, denn *«die Kaiserherrschaft ist ein schönes Leichentuch!»* (Prokop *BP* 1,24,37). Diese Rede ist sicherlich fiktiv. Prokop wird kaum über die hektischen Diskussionen dieser Stunden im Palast unterrichtet gewesen sein. Was er Theodora in den Mund legt, ist ein wohlkomponiertes literarisches Kunstprodukt, aber es hatte seinen Zweck: Der Historiker zeigt eine Frau, die nicht nur über die Grenzen des Anstandes hinausgeht, indem sie sich in eine politische Debatte einmischt; vielmehr stellt sich hier eine Kaiserin vor, die sich mit aller Entschiedenheit an ihre Macht klammert.

Seit der Wiederentdeckung von Prokops *Anekdota* im 17. Jahrhundert haben die vermeintlichen erotischen Eskapaden und Perversionen Theodoras gleichermaßen fasziniert und abgeschreckt. Doch was wissen wir wirklich über die Frau Justinians? Als zweite von drei Töchtern des Bärenführers Akakios, der sich bei den Grünen verdingte, kam sie zur Welt. Der Vater verstarb früh, die Mutter heiratete erneut, und die Familie kam daraufhin bei den Blauen unter. Theodora und ihre Schwestern erbten das Gewerbe der Mutter, einer Schauspielerin. Sie trat vor allem im Mimus auf, dem ebenso beliebten wie anrüchigen Possenspiel. Alle selbsternannten Moralisten wetterten dagegen, und doch schlichen viele hin, um die leichtbekleideten jungen Mädchen zu beäugen. Schauspielerinnen im spätrömischen Reich gehörten zur untersten sozialen Schicht. Sie unterlagen rechtlichen Beschränkungen und wurden von der Gesellschaft verachtet. Viele von ihnen verdingten sich nebenher als Prostituierte, ihnen allen wurde es unterstellt. Theodora wuchs nahtlos in dieses Milieu hinein. Schon als Kind stand sie auf der Bühne, bald verkaufte sie auch ihren Körper. Prokop genießt es sichtlich, seine Vorstellungen vom angeblich perversen Liebesleben der späteren Kaiserin niederzuschreiben. Ein Sohn, eine Tochter und mehrere Abtreibungen seien die Folge ihrer lasziven Abenteuer gewesen. Schließlich sei sie dem Statthalter Hekebolos als Geliebte in seine Provinz gefolgt, dort aber verstoßen worden. Mühsam habe sie sich aus Nordafrika wieder nach Konstantinopel durchschlagen müssen, natürlich wiederum unter Einsatz ihres ansehnlichen Körpers. Dort aber kam die Wende: Justinian lernte sie kennen und machte sie zu seiner Geliebten, ja erhob sie sogar ins Patriziat. Die vornehme Oberschicht war schockiert. Immerhin verhinderte die alte Kaiserin Euphemia – wiewohl selbst von zweifelhafter Vergangenheit – Schlimmeres. Zudem verbot ein altes Gesetz aus den Zeiten des Augustus die Ehe zwischen Angehörigen des Senatorenstandes und Schauspielerinnen. Doch Justinian ließ nicht locker. Nachdem die alte Dame für immer die Augen geschlossen hatte, war der Weg frei. Er überredete Justin zu einer Gesetzesänderung und heiratete Theodora (um 525). Bald darauf war sie Kaiserin. All die vornehmen Herren, die sie zuvor lüstern im Theater begafft und auf der Straße verachtet hatten, waren jetzt ihre Untertanen; und Theodora kostete dies aus, indem sie sich als erste Kaiserin auch von Senatoren fußfällig verehren ließ.

Diese Konstellation muß man sich bewußt machen, wenn man Prokops Schilderung der Herkunft Theodoras liest. Vielleicht hatte auch er einst das leichtbekleidete Mädchen im Theater gesehen. Jedenfalls schreibt er aus der Perspektive eines traditionell erzogenen, gebildeten Mannes, dem die Möglichkeiten, die die soziale Mobilität im spätrömischen Reich boten, zuwider waren, und schöpft großzügig aus dem üppigen Repertoire der literarisch stilisierten Schmährede (Invektive). Prokop ist das Sprachrohr all der entsetzten Senatoren, die nun die ehemalige Kurtisane zu umschmeicheln hatten. Letztlich geht es ihm gar nicht um die Persönlichkeit der Kaiserin; sie ist für ihn vielmehr eine Projektionsfläche, auf der all seine Vorbehalte gegenüber dem Regime Justinians gebündelt und übersteigert zum Ausdruck gebracht werden. Theodora ist der Inbegriff einer Person, welche die Grenzen sprengt, die ihr als Kaiserin wie als Frau gesetzt waren. Führt man sich dies vor Augen, so relativieren sich viele der unerhörten Skandalgeschichten, die sich um die Kaiserin ranken.

In der Außenpolitik machte sie ihren Einfluß kaum geltend, allen anderslautenden Geschichten zum Trotz. So wird z. B. berichtet, daß Theodora gemeinsam mit ihrer engen Freundin Antonina, der Frau Belisars, eine Intrige gesponnen habe, die zur Absetzung des Papstes Silverius 537 durch Belisar geführt habe. Der tatsächliche Grund der Absetzung war aber Kollaboration mit den Ostgoten – also Hochverrat. Auch sonst gibt es nirgendwo klare Belege dafür, daß Theodora wirklich substantiell in die Außenpolitik eingegriffen hätte. Auch in der Gesetzgebung blieb Justinian souverän, wenngleich er sich mitunter von seiner Frau beraten ließ; möglicherweise sind einige seiner Bestimmungen zur Erleichterung des Loses von Schauspielerinnen sowie der rechtlichen Stellung von Frauen auf den Einfluß Theodoras zurückzuführen – aber es blieben Gesetze Justinians, die im übrigen auch schlichtweg aus einer christlichen Motivation heraus konzipiert worden sein können.

Zwar finanzierte Theodora großzügig karitative Einrichtungen, darunter das Kloster *Metánoia* (‹Reue›) für ehemalige Huren, doch stellt dies nur einen besonderen Teil der justinianischen Baupolitik dar. Im Gegensatz zu anderen Kaiserinnen erscheint sie im übrigen nicht auf Münzen, dem wichtigsten Propagandaträger der Zeit, wird aber in einigen offiziellen Dokumenten neben dem Kaiser genannt.

Viel wird berichtet über ihre aktive Personalpolitik am Hof. Ihre Günstlinge konnten zu höchsten Positionen aufsteigen, wie etwa der Eunuch Narses, der spätere Bezwinger der Ostgoten; andere wurden von ihr vernichtet. So war sie z. B. in den Sturz Johannes des Kappadokers verwickelt (541) und hätte beinahe auch die Karriere Belisars beendet (542), auf den sie durch Antonina Einfluß nahm. Doch auch derartiges war nicht ungewöhnlich, wenn man bedenkt, daß der Grad der Nähe zum Kaiser von entscheidender Bedeutung war. Und hier wollte Theodora niemandem gegenüber zurückstehen. Sie bewegte sich im Rahmen der Handlungsspielräume, die sich ihr als Kaiserin öffneten, doch reizte sie ihre Möglichkeiten sogar weniger aus, als dies einige Kaiserinnen im 5. Jahrhundert taten.

Selbständiger scheint sie nur in theologischen Fragen gehandelt zu haben. Während Justinian dem Chalcedonense anhing, war sie überzeugte Monophysitin. Prokop unterstellt hier gezieltes Kalkül, um das Reich zugrundezurichten. Für ihn sind Kaiser und Kaiserin ohnehin personifizierte Dämonen, die nichts als Unheil im Sinn haben. Der gegen Ende des 6. Jahrhunderts schreibende Kirchenhistoriker Euagrios sieht die beiden differenzierter: Für ihn spiegelt sich im Kaiserpaar der furchtbare religiöse Riß, der das ganze Reich und eben auch Familien gespalten habe.

Tatsache ist, daß Theodora eine in Grenzen eigenständige promonophysitische Politik betrieb. Sie verwandelte den Hormisdaspalast, in dem Justinian vor seiner Kaisererhebung residiert hatte, in eine behütete Fluchtburg für verfolgte Monophysiten und vermittelte immer wieder Kontakte zum Kaiser, der diese im übrigen auch selbst suchte – sogar nach Theodoras Tod. Als der Araber al-Harith um christliche Missionare bat, besorgte sie monophysitische Kleriker; unter ihrer Obhut wurde Nubien monophysitisch missioniert. Der große Bischof Jakob Baradaios, der als Begründer der eigenständigen syrisch-monophysitischen (‹jakobitischen›) Kirche gilt, stand unter ihrem Schutz. Aber wenn Justinian dies alles nicht gewollt hätte, wäre es ihm ein leichtes gewesen, es zu verhindern. Doch er hat Theodoras Aktivitäten zumindest geduldet. Es waren andere, die die Nase rümpften, darunter im übrigen sogar die große monophysitische Identifikationsfigur Severos von Antiocheia selbst, der über Theodoras Dilettieren in theologischen Angelegenheiten nicht wirklich erfreut war.

Die alte Elite hingegen war geneigt, ihr alles erdenklich Schlechte zu unterstellen, bis hin zur Beseitigung eines Sohnes aus früheren bewegten Zeiten, der plötzlich bei ihr aufgetaucht und ebenso schnell für immer verschwunden sein soll.

Abb. 6: San Vitale (Ravenna), Theodora-Mosaik.

Anders liest sich dies alles in der monophysitischen Tradition. Hier ist Theodora fast eine Heilige. Sie sei Tochter eines monophysitischen Priesters aus Hierapolis (Mabbug) gewesen. Auf der Durchreise habe Justinian sie kennengelernt und mit nach Konstantinopel genommen, was ihm freilich nur möglich gewesen sei, indem er versprach, das Mädchen niemals zum Chalcedonense zu zwingen.

Die monophysitische Tradition verfällt gegenüber Prokop ins andere Extrem. Wie dieser seine Vorbehalte gegenüber Theodora in ihrer lustbetonten Sexualität gespiegelt hat, so scheint ihre Rolle als Behüterin der Monophysiten nun in ihrer Asexualität, ihrer frommen Keuschheit, hervor. Über die Person Theodora wissen wir also kaum etwas Sicheres zu sagen.

Es ist schwierig, den Quellen zuverlässige Angaben über persönliche Gefühle der Akteure zu entnehmen. Doch überblickt man das gesamte Material, so scheint Justinian seine Frau tatsächlich innig geliebt zu haben, obwohl die Ehe kinderlos blieb. Sogar eine Provinz benannte er nach ihr. Auch nachdem sie 548 einem Krebsleiden erlegen war, blieb er ihr treu und besuchte oft ihr Grab in der Apostelkirche. Wir besitzen einen Bericht darüber, wie der alte, einsame Kaiser im Jahr 559 im Rahmen einer triumphalen Zeremonie (*adventus*) vor der Apostelkirche vom Pferd steigt und am Grab der Verstorbenen Kerzen entzündet (S. 113).

7. Ausgreifen nach Westen: Die Kriege gegen Vandalen und Ostgoten

Geiserich († 477) hatte in Nordafrika ein unabhängiges Vandalenreich etabliert. Dort herrschten arianische Könige über die Reste der katholisch-romanischen Bevölkerung, die sich von ihnen unterdrückt fühlte. Erst unter Hilderich (523–530), der wohl mehr als nur Sympathien für den Katholizismus hegte, besserte sich ihre Situation. Justinian und Hilderich pflegten, verbunden durch ihr gemeinsames Bekenntnis, freundschaftliche Kontakte. Doch Hilderich war nicht in der Lage, der zunehmenden Bedrohung seines Reiches durch aufsässige Berberstämme Herr zu werden. Nachdem er eine schwere Niederlage gegen sie erlitten hatte, ließ sein designierter Nachfolger Gelimer ihn einkerkern und bestieg 530 selbst den Thron. Justinian betrachtete dies als Usurpation und forderte die sofortige Wiedereinsetzung des rechtmäßigen, katholischen Königs. Gelimer ließ sich davon nicht beeindrucken.

Justinian hatte keineswegs, wie immer wieder zu lesen ist und wie es auch die oströmische Geschichtsschreibung – allerdings aus der Rückschau – deutet, von Beginn an beabsichtigt, das Vandalenreich zu erobern. Als Gelimer nicht auf seine Protestnoten reagierte, plante er zunächst eine Strafexpedition, die lediglich der Restitution Hilderichs dienen sollte. Seine Berater waren davon allerdings nicht begeistert, erinnerten ihn an die hohen Kosten eines solchen Unternehmens und an das militärische Fiasko, in dem einst der von Ost- und Westrom gemeinsam geplante Vandalenfeldzug 468 geendet war. Johannes dem Kappadoker wäre es beinahe gelungen, den Kaiser umzustimmen, doch die Intervention eines Bischofs und eine Traumvision gemahnten Justinian an seinen religiösen Auftrag und ließen ihn an dem Unternehmen festhalten.

Mitte Juni 533 verließ ein kleines Interventionsheer unter dem

Kommando Belisars Konstantinopel. Es umfaßte nur 10000 Fußsoldaten, 5000 Berittene, ferner die in die Tausende gehende Leibgarde Belisars sowie 92 Kriegsschiffe.

Wir sind über diesen Feldzug, wie auch über die meisten anderen Kriege Justinians, durch die *Kriegsgeschichte* (*Bella*) Prokops gut unterrichtet. Prokop hat seinen Helden Belisar selbst auf zahlreichen Kriegszügen als Sekretär begleitet, wußte also, wovon er schrieb. Als Belisars Erfolge seit den 40er Jahren immer dürftiger wurden, machte sich auch bei Prokop eine zunehmende Enttäuschung bemerkbar, die sich in scharfen Angriffen auf Belisar in den *Anekdota* spiegelt. Doch noch war es nicht so weit.

Ein oströmischer Angriff war offenbar das letzte, womit Gelimer gerechnet hatte. Er konzentrierte sich auf seine Schwierigkeiten mit dem eigenen Adel und den Berbern. Zudem hatte er Usurpationen in der Provinz Tripolitana und auf Sardinien zu bekämpfen; um letztere niederzuwerfen, entsandte er fatalerweise den schlagkräftigsten Teil seines Heeres, unter dem Kommando seines Bruders Tzazon. Außenpolitisch war er isoliert. Die Ostgoten neigten damals eher den Römern zu, die Westgoten hielten sich aus dem Konflikt heraus. Derweil ankerte Belisars Troß vor Sizilien, um die Lage zu erkunden. Voller Überraschung stellte man fest, daß die Vandalen nach wie vor ahnungslos waren. Daraufhin landeten die Römer an der afrikanischen Küste und begannen den Vormarsch auf Karthago. Noch einmal machte Belisar deutlich, daß es ihm nur um die Wiedereinsetzung Hilderichs ging. Um den Römern ihr Kriegsziel zu nehmen, liquidierte Gelimer daraufhin seinen Vorgänger und griff die Invasoren bei Ad Decimum, ca. 15 Kilometer südlich von Karthago, an, um sie dort zu vernichten. Der Plan schlug fehl; als sein Bruder Ammatas gefallen war, verlor Gelimer die Nerven und die Schlacht. Zwei Tage später, am 15. September 533, konnte Belisar in Karthago einziehen. Gelimer sammelte die Reste seines Heeres, und nachdem auch seine Truppen aus Sardinien wieder zurückgekehrt waren, stellte er die Römer noch einmal zur Feldschlacht (bei Tricamarum) – und unterlag erneut. In einer Bergfestung konnte er sich noch bis März 534 halten, dann gab er auf.

Nach diesem unerwarteten und durchschlagenden Erfolg kamen Gerüchte auf, Belisar strebe nach einer eigenen Herrschaft. Um sie aus der Welt zu schaffen, reiste der Feldherr unverzüglich nach Konstantinopel, im Gepäck den vandalischen Königsschatz und Gelimer selbst. Der Kaiser war begeistert von der überraschenden, überhaupt nicht geplanten Rückgewinnung Nordafrikas. Einmal mehr hatte Gott ihm seine besondere Gunst demonstriert, wie Justinian selbst ergriffen festhielt: «*Im Namen unseres Herrn Jesus Christus machen wir uns stets an alle Pläne und alle Taten. Durch ihn nämlich haben wir die Gewalt über das Reich übernommen, durch ihn haben wir Frieden mit den Persern auf ewig bekräftigt, durch ihn haben wir die schlimmsten Feinde und stärksten Tyrannen niedergeworfen, durch ihn haben wir zahlreiche Schwierigkeiten überwunden, durch ihn wurde uns zugestanden, Africa zu verteidigen und unserer Herrschaft zuzuführen, und durch ihn haben wir auch das Vertrauen, daß es unter unserer Leitung ordentlich verwaltet und sicher beschützt wird*» (*Codex Iustinianus* 1,27,2 pr.).

Ein glanzvoller Triumph, inszeniert aus Elementen alter Triumphzüge der republikanischen Zeit, folgte 534 in der Hauptstadt. Umjubelt zog Belisar durch die Straßen, begleitet von Kriegsgefangenen und prachtvollen Beutestücken. Darunter befanden sich auch Schätze der Juden, die Titus im Jahr 70 von Jerusalem nach Rom und Geiserich 455 von dort nach Afrika verschleppt hatte. Doch Justinian achtete streng darauf, den Ruhm seines Feldherrn in Grenzen zu halten: Belisar erhielt keinen Triumphwagen, sondern mußte zu Fuß gehen, und der Zug gipfelte darin, daß auch Belisar sich, wie Gelimer, demütig vor dem Kaiser niederwerfen mußte. Immerhin ehrte Justinian den Generalissimus für das Jahr 535 mit dem Konsulat, das dieser dann auch üppig feierte. Gelimer hingegen erhielt ein reiches Landgut in Kleinasien, wo er den Rest seines Lebens verbringen durfte. Prokop zeichnet ihn als fähigen Soldaten, aber skrupellosen und gewalttätigen Charakter. Sein Ende stilisiert er zur Tragödie, wenn er z. B. pathetisch von der schweigenden Umarmung Gelimers und seines aus Sardinien zurückgekehrten Bruders Tzazon berichtet oder seinen im Angesicht des siegreichen Justinian getätigten Ausruf «Eitelkeiten, alles Eitelkeiten!» kommentiert.

Das neu eroberte Gebiet wurde noch 534 als *praefectura praetorio Africae* zivil und militärisch neu organisiert, die kirchliche Neuordnung erfolgte 535.

Jetzt erst faßte Justinian den Plan einer umfassenden Restauration des Römischen Reiches in seiner alten Größe und schielte als nächstes auf das von inneren Wirren zerrüttete Ostgotenreich.

Dort waren bereits die letzten Jahre Theoderichs († 526) von zunehmenden Problemen überschattet gewesen. Mit den Vandalen, die sich unter Hilderich in Richtung Ostrom orientierten, drohte ein wichtiger Partner verloren zu gehen. Schlimmer aber war die neue Kirchenunion zwischen Rom und Konstantinopel, die die arianischen Goten in Italien zunehmend isolierte. Unter der italischen Bevölkerung keimten leise Hoffnungen auf eine Restauration der römischen Herrschaft. Theoderich, der darin Hochverrat sah, reagierte mit unnachgiebiger Härte. Hochangesehene Senatoren, wie Boethius († 524) und Symmachus († 525), wurden hingerichtet, Papst Johannes I. endete 526 im Kerker. Die Kluft zwischen Goten und Römern vergrößerte sich, Theoderichs Experiment einer Koexistenz schien gescheitert. Da nutzte es auch nicht, daß Justin Theoderichs Schwiegersohn Eutharich als Waffensohn adoptiert und zum Konsul für 519 bestellt, mithin also als Nachfolger des Gotenkönigs akzeptiert hatte. Denn bald darauf verstarb Eutharich.

Nachfolger Theoderichs wurde sein kaum 10jähriger Enkel Athalarich (526–534), unter der Vormundschaft seiner machtbewußten Mutter Amalasuntha, die eine klassische Bildung besaß und um Ausgleich mit den Römern bemüht war. Nicht nur dies brachte sie in Konflikt mit gotischen Adligen, die jetzt ihrerseits versuchten, Einfluß auf den königlichen Knaben zu nehmen. Amalasuntha wandte sich daher an Justinian, und damit begann ein kompliziertes Intrigenspiel, in das bald auch Theodahat, der zwielichtige Neffe Theoderichs, eingriff, der nach Athalarichs frühem Tod die Königswürde unter Amalasunthas Führung übernahm (534–536), rasch aber zunehmend eigene Interessen vertrat. Theodahat hatte in Tuscia große Besitztümer

Abb. 7: Mausoleum Theoderichs (Ravenna).

angesammelt – nicht immer rechtmäßig – und war dort bisher seinen gelehrten Studien nachgegangen. Nun suchte auch er sich in Verhandlungen mit Ostrom abzusichern, setzte gleichzeitig die übermächtige Amalasuntha fest und ließ sie bald darauf beseitigen. Angeblich hatte Theodora ihre Hände mit im Spiel. Nachdem sich die Spannungen zwischen Ravenna und Konstantinopel auf der offiziellen Ebene, d. h. unabhängig von den zahlreichen Geheimverhandlungen, bis dahin schon beträchtlich verschärft hatten, nahm Justinian die Ermordung Amalasunthas zum Kriegsanlaß.

Ein dreifacher Angriff war geplant: Mundos, der Justinian bereits beim Nika-Aufstand wichtige Dienste geleistet hatte, sollte Dalmatien sichern, Belisar den Hauptstoß von Sizilien aus führen. Zudem versuchte der Kaiser, die Franken für einen Angriff von Norden zu gewinnen. Offenbar fühlte er sich stark genug, mit ihnen noch einen weiteren potentiellen Konkurrenten im Machtkampf um Italien außer den Ostgoten aufzubauen. Bis Ende 535 konnte Mundos Dalmatien unter seine Kontrolle bringen, und auch Belisar war auf Sizilien erfolgreich. Am 31. Dezember 535, dem letzten Tag seines Konsulats, zog er pompös, mit Gold um sich werfend, in Syrakus ein.

Für Theodahat wurde es jetzt ungemütlich. Angeblich soll er Justinians Gesandten Petros Patrikios, den wichtigsten oströmischen Diplomaten des 6. Jahrhunderts, mit dem Angebot der Abtretung Italiens gegen eine ordentliche Entschädigung zu Justinian geschickt haben. Dieser willigte gern ein. Als jedoch die Nachricht von einem erfolgreichen gotischen Überfall auf Dalmatien und Mundos' Tod eintraf, wollte Theodahat nichts mehr von seinem Angebot wissen und stellte Petros unter mehrjährigen Arrest. Ein kaiserliches Heer eroberte Dalmatien indessen zurück. Derweil begann Belisar seinen Vormarsch durch Italien. Ohne auf nennenswerten Widerstand zu stoßen, gelangte er bis Neapel, das nach kurzer Belagerung fiel.

Theodahat hatte nichts dagegen getan. Die Goten wählten nun den tüchtigen Soldaten Witigis zum König, der verhaßte Theodahat, der letzte König aus der Familie der Amaler, wurde auf der Flucht erschlagen. Witigis entschied sich zunächst für eine Defensivstrategie: Er stationierte in Rom eine Besatzung und zog sich mit dem Hauptheer nach Ravenna zurück. Damit war Mittelitalien faktisch geräumt. In Ravenna zwang er Theoderichs Enkelin Matasuntha in die Ehe und verband sich so mit der Familie des großen Amalers.

Witigis sicherte sich zunächst vertraglich gegen fränkische Übergriffe ab (u. a. durch Abtretung der Provence) und griff die Oströmer in Dalmatien an. Erst mit ihm stieß Belisar auf organisierten gotischen Widerstand, jetzt erst begann der Krieg wirklich. Nach Rom kam der Gote allerdings zu spät zurück. Dort saß seit Dezember 536 Belisar mit 5000 Soldaten – die ‹Ewige› Stadt war wieder in den Händen der Römer; denn auch die Oströmer verstanden sich ganz selbstverständlich als Römer. Eine mehr als einjährige Belagerung begann. Sie verlangte sowohl den angeblich 150 000 Belagerern, die sich in ständigen Sturmangriffe aufrieben, als auch den Belagerten durch Hunger und Seuchen furchtbare Opfer ab. Immer wieder berannten die Goten die Mauern; bei einer dieser Attacken sollen sie 30 000 Mann verloren haben, hinzu kamen auch bei ihnen Krankheiten und Versorgungsengpässe. In Rom wuchs die Unzufriedenheit. Die Goten hatten die Wasserversorgung unterbrochen. Wegen verdächtiger Kontakte zum Feind mußte Belisar Papst Silverius absetzen und einige Senatoren ausweisen. Zur Verteidigung der Stadt war man sogar gezwungen, die Goten mit antiken Statuen zu bewerfen. Im November 537 trafen endlich Verstärkung und Lebensmittel ein – jetzt baten die Goten um eine 3monatige Waffenruhe, um mit Konstantinopel zu verhandeln. Belisar jedoch brach das Abkommen, ließ die Landschaft Picenum verwüsten und Ariminum (heute Rimini) einnehmen. Nun standen die Römer gefährlich nah vor Ravenna. Witigis mußte die Belagerung Roms daher im März 538 aufgeben. Im Juni desselben Jahres verließ Belisar Rom und begann mit der Eroberung gotischer Garnisonen in Mittel- und Oberitalien. Ein mühevoller, entbehrungsreicher Stellungskrieg setzte nun ein. Zudem brach im Jahr 538 in Italien eine Hungersnot aus, die das allgemeine Elend noch verschärfte; Gerüchte über Kannibalismus machten die Runde. Der Kaiser schickte weitere

Verstärkung: Der ebenfalls aus dem Nika-Aufstand bereits bekannte Eunuch Narses landete mit 7000 Mann in Italien und vereinigte sich mit Belisar. Doch es kam zu Kompetenzstreitigkeiten, und so erwies sich die Hilfe eher als lähmender Faktor. Zwar konnte das von Witigis belagerte Rimini entsetzt und mit Urbino eine wichtige gotische Stellung eingenommen werden, doch das bereits in römischer Hand befindliche Mailand wurde von Goten und Burgunden erobert, wobei es zu entsetzlichen Greueltaten kam. Justinian berief Narses also wieder ab. Der Stellungskrieg wurde immer verbissener und brutaler. Belisar verbrachte die längste Zeit des Jahres 539 mit der Belagerung der Bergfestung Auximum (heute Osimo), die ihm den Zugang nach Ravenna versperrte. Für zusätzliche Probleme sorgte ein unerwarteter Frankeneinfall in Oberitalien. Die Franken machten alles nieder, Römer wie Goten. Ihre eigentlich katholischen Krieger opferten erbeutete Frauen und Kinder dem Flußgott des Po. Krankheiten und Versorgungsengpässe zwangen sie jedoch zum Rückzug. Schließlich konnte Belisar Auximum einnehmen, und auch Faesulae (heute Fiesole) fiel. Witigis hatte längst erkannt, daß er den römischen Heeren, die mittlerweile an zahlreichen Schauplätzen in Nord- und Mittelitalien gotische Kräfte banden, auf Dauer nicht gewachsen war. Anfang 539 suchte er Hilfe von außen. Da er auf weitere fränkische Interventionen mittlerweile dankend verzichtete, wandte er sich zunächst – erfolglos – an die Langobarden, dann an die Perser. Sie sollten Ostrom in einen Zweifrontenkrieg verwickeln.

Derweil begann Belisar mit der Belagerung Ravennas. Ein gotisches Entsatzheer fiel angesichts der Bedrohung durch kaiserliche Truppen auseinander. Justinian schlug, als er vom gotischen Hilfegesuch an die Perser erfahren hatte, eine Teilung Italiens längs des Po vor. Die Goten sollten ein eigenes, transpadanisches Reich erhalten – eine Lösung, die im nachhinein geradezu ideal wirkt, denn ein gotischer Pufferstaat hätte das römische Italien vor auswärtigen Übergriffen schützen können. Aber der Vorschlag scheiterte an der Hartnäckigkeit Belisars. Weil er glaubte, noch mehr erreichen zu können, verweigerte er die Unterzeichnung des Vertrages. Was daraufhin geschah, ist nur schwer zu durchschauen. Gotische Adlige boten dem Feldherrn den Kaiserthron für den Westen an. Belisar ging offenbar darauf ein, aber wohl nur zum Schein. Jedenfalls konnte er jetzt friedlich in Ravenna einziehen und Witigis gefangensetzen. Der Krieg war gewonnen.

Wieder folgten Gerüchte, Belisar strebe nach dem Kaiserthron. Justinian berief ihn ab und Belisar gehorchte. Mit dem gefangenen Witigis kehrte er zurück. Sein Empfang in Konstantinopel war frostig. Einen Triumph gab es dieses Mal nicht, die Kriegsbeute wurde der Öffentlichkeit vorenthalten. Prokop führt dies auf kaiserliche Mißgunst zurück. Tatsache ist jedoch, daß Belisar mit seiner Weigerung, den Teilungsvertrag zu unterzeichnen, eine riskante Politik betrieben hatte, die nicht den Wünschen des Kaisers entsprach und deren Folgen unabsehbar waren. Zudem hatte sich die Eroberung Italiens, anders als seinerzeit die Niederwerfung des Vandalenreiches, nicht als triumphaler Siegeszug, sondern als mühevoller, ressourcenzehrender Kleinkrieg gestaltet, auch dies möglicherweise, zumindest in Teilen, eine Folge verfehlter Strategien auf Seiten Belisars.

Witigis war der letzte von Justinian anerkannte Ostgotenkönig. Seine Nachfolger galten in Konstantinopel nur noch als Tyrannen, also unrechtmäßig an die Macht gelangte Potentaten. Witigis' Anfänge waren von kluger Politik und energischer Kriegführung gekennzeichnet. Aber er ließ sich von Belisars Stellungskriegstaktik zunehmend verzetteln und verlor so allmählich die Kontrolle über das Geschehen. Seine erfolglose Belagerung Roms lastete wie ein schwerer Schatten auf ihm. Seit 538 verließ er Ravenna nicht mehr. Für die Goten hatte er sein Königsheil verloren. Aus diesem Grund lehnte sein Neffe Uraias seine Nachfolge ab, denn er glaubte, das Unheil schwebe über der ganzen Familie. Witigis starb 542 als römischer *patricius* in Konstantinopel. Felix Dahn hat ihn in seinem Roman *Ein Kampf um Rom* (1876) zum Inbegriff eines aus dem Volk stammenden und von der Heeresversammlung gewählten ‹Volkskönigs› stilisiert, ein wackerer Kämpfer, der in seinem Edelmut sogar bereit ist, seine geliebte Frau zugunsten der politischen Ehe mit der kalten Matasuntha zu verstoßen.

8. Weitere Reformen

Nach der Eroberung des Vandalenreichs hatten sich auch Justinians außenpolitische Zielsetzungen formiert. Sein nunmehr umfassender Anspruch kommt in seiner erstmals Ende 533 belegten Siegestitulatur zum Ausdruck, die vor allem eine programmatische Aufzählung der von ihm (real oder ideell) bezwungenen Völker enthält. Fortan nannte sich der Kaiser stolz *Imperator Caesar Flavius Iustinianus Alamannicus Gothicus Francicus Germanicus Anticus Alanicus Vandalicus Africanus pius felix inclitus victor ac triumphator semper Augustus*. Spätestens ab 535 ging er zudem dazu über, schriftliche Verfügungen mit der feierlichen Formel *In nomine Domini nostri Iesu Christi* einzuleiten, um so mit besonderem Nachdruck seinen göttlichen Auftrag zu betonen. Besonders in den Einleitungen zu den *Novellen* (ab 535) lassen sich wichtige Elemente dessen finden, was mitunter als ‹Kaiseridee› bezeichnet wird – ein Begriff, der nicht ganz glücklich ist, weil er den Unterschied zwischen Selbstverständnis und Selbstdarstellung eines Kaisers vernebelt. Traditionelle Allgemeinplätze (‹Topoi›) spätantiker kaiserlicher Repräsentation und christliches Sendungsbewußtsein werden bei Justinian grandios übersteigert und vermengen sich zu einem eindrucksvollen Gemälde. Demzufolge hat der von Gott eingesetzte Kaiser, «nach Gott der gemeinsame Vater für alle» (*Novelle* 98,2,2), die wahre Religion zu schützen, was Eingriffe auch in kirchliche Angelegenheiten rechtfertigt und den Kaiser zum Schirmherrn der kirchlichen *Kanones* (Konzilsbeschlüsse) macht. Seine Entscheidungen sorgen für eine harmonische Verbindung (*symphonía*) göttlicher und menschlicher Dinge (*Novelle* 42 pr.), zum Wohl von Reich und Untertanen. In seiner umfassenden Menschenfreundlichkeit (*philanthropía*) und umsichtigen Vorsorge (*prónoia*) kümmert sich der ruhelose, in höchstem Maße fromme Herrscher um alles, selbst um

Abb. 8: Goldmedaillon Justinians.

das Geringste. Alle Maßnahmen dienen der Besserung und Heilung ‹kranker› Zustände (*therapeía*), seine Gesetze tragen der Unbeständigkeit der Natur Rechnung und versuchen auf ihre Wandlungen flexibel zu reagieren (was auch Revisionen eigener älterer Gesetze einschließt).

Justinian bemühte sich, diesem Anspruch gerecht zu werden. Sein *Codex Iustinianus* beginnt programmatisch mit Definitionen des wahren Glaubens (*Codex Iustinianus* 1,1), den kirchlichen Kanones verlieh der Kaiser Gesetzeskraft (*Novelle* 131,1). Konstantinopel hatte für ihn (wie für seine Vorgänger) den zweiten Rang nach Rom inne, besaß jedoch dieselben Vorrechte wie die alte Kaiserstadt. In vielfacher Weise griff er in die Organisation der Kirche ein und regelte ihre Befugnisse. Er sicherte und vermehrte ihren Besitz, unter anderem durch die für sie geschaffenen Erleichterungen, Erbschaften anzutreten, und durch Steuerprivilegien. Kleriker erhielten besondere Begünstigungen, wurden aber andererseits strengen Regeln unterworfen, die ihre Lebensweise und Amtsausübung betrafen. Weitere Bestimmungen galten z. B. der Weihe von Bischöfen und Klerikern sowie der Aufnahme in den Klerus.

In der Reichsverwaltung versuchte Justinian, energisch gegen altbekannte Probleme wie Korruption, Ämterkauf und Amtsmißbrauch vorzugehen. Ältere Beamtenstellen wurden abgeschafft oder umbenannt, Kompetenzen umverteilt, neue Beamtenstellen geschaffen. Letztere Maßnahmen finden sich besonders im Zuge umfassender Reformen in der Provinzverwaltung, deren Schwerpunkt auf den Jahren 535–538 lag. Justinian hat hier kein strenges Konzept verfolgt, sondern in einzelnen Regionen jeweils auf spezifische und aktuelle Gegebenheiten und Probleme reagiert, einzelne Maßnahmen sogar einige Jahre später wieder revidiert, wenn sie sich als ineffektiv erwiesen oder die Rahmenbedingungen sich geändert hatten. So kam es nicht nur zur Neueinrichtung von Provinzen (Afrika [534], Italien [554], Theodorias in Syrien [vor 535]), sondern auch zu Zusammenlegungen und Neuaufteilungen. Dabei wurde vereinzelt die für die Spätantike ansonsten typische Trennung von ziviler und militärischer Gewalt aufgehoben. Dies weist bereits auf die byzantinische Zeit voraus.

Besondere Sorge widmete Justinian auch den Städten, deren funktionierende, am alten Rom orientierte Selbstverwaltung und Prosperität eine traditionelle Säule bildete, auf der das *Imperium Romanum* ruhte. Doch schon seit längerem hatten die Städte zunehmend mit dem Problem der sogenannten Kurialenflucht zu kämpfen. Kurialen waren die Mitglieder der Stadträte und bekleideten die örtlichen Beamtenstellen. Sie regelten die Verwaltung und das öffentliche Leben in den Städten. Da sie jedoch für das Steueraufkommen ihrer Gemeinden haftbar waren, erwies sich das ursprünglich ehrenvolle Amt in der Spätantike zunehmend als Bürde. Zahllose Kurialen machten sich aus dem Staub, dadurch erhöhten sich die finanziellen Belastungen für ihre verbliebenen Kollegen, so daß weitere Bedrückungen folgten. Justinian versuchte wie seine Vorgänger, diesen fatalen Trend zu stoppen. So untersagte er beispielsweise, daß Kurialen in den Klerikerstand wechselten, weil sie sich dadurch ihren Verpflichtungen entziehen konnten. Die Position der Städte gegenüber den Provinzstatthaltern sollte zudem durch eine Aufwertung der *defensores civitatum* (‹Verteidiger der Bürgerschaften›) gestärkt werden (*Novelle* 15 [535]). Daneben versuchte der Kaiser, die Städte für öffentliche Bauten, Nahrungsbeschaffungen und ähnliche Aufgaben liquide zu halten (*Novelle* 128,16) –

offenbar nicht sonderlich erfolgreich, denn Prokop unterstellt ihm geradezu gegenteilige Absichten (*HA* 26,5–11). Auch besondere Kompetenzen der Ortsbischöfe, die ihre Stellung seit längerem auf informellem Wege zunehmend aufgewertet hatten, wurden schärfer umrissen, so daß der Bischof gleichsam als zusätzlicher ‹Beamter› agierte, der Kontrolle kaiserlicher Behörden unterlag, diese aber gleichzeitig seinerseits beaufsichtigte.

Eine Reihe von Maßnahmen richtete sich auch gegen Korruption unter Richtern sowie gegen Prozeßverschleppungen; desgleichen wurden Zuständigkeiten der Gerichte geregelt.

Die hohen Kosten der justinianischen Politik, vor allem der Kriege und der zahllosen Bauwerke, belasteten die finanziellen Ressourcen des Reiches immens. Hohe Steuern und geringere staatliche Leistungen in bestimmten Bereichen waren die Folgen, die besonders Prokop in seinen *Anekdota* bitter beklagt. Johannes Lydos nennt in einer – unvollständigen – Liste mindestens 27 verschiedene Steuerbezeichnungen (*de magistratibus* 3,70). Um seine kostspieligen Vorhaben zu finanzieren, vertraute der Kaiser auf findige Beamte. Als regelrechtes Finanzgenie kann Johannes der Kappadoker gelten – wie Justinian selbst ein Aufsteiger aus niedrigen Verhältnissen, der 531 zum *praefectus praetorio Orientis* und damit zum Chef der Reichsverwaltung ernannt wurde. Seine rigide Sparpolitik führte dazu, daß die Quellen ein denkbar negatives Bild von ihm zeichnen, das nur schwer zu überprüfen ist. Auf ihn soll unter anderem die berüchtigte ‹Luftsteuer› (*aerikón*) zurückgehen (Prokop *HA* 21,1 f.). Im Zuge des Nika-Aufstandes verlor Johannes 532 kurzfristig sein Amt, wurde aber bereits wenige Monate später wieder zurückberufen. Im Jahr 538 krönte er seine Karriere mit dem Konsulat. Sein übermächtiger Einfluß auf den Kaiser begründete jedoch auch seinen Fall. Theodora ließ den Rivalen offensichtlich ins offene Messer laufen, indem sie ihn in eine Hochverratsaffäre verwickelte; 541 mußte Justinian ihn absetzen, exilieren und zum Priester weihen lassen. Immerhin konnte er Johannes nach Theodoras Tod 548 nach Konstantinopel zurückberufen, wo dieser als Priester starb. Sein wichtigster Nachfolger war der Finanzexperte Petros Barsymes (543–546; 555–562). Er war nicht ganz so erfolgreich im Aufspüren neuer Geldquellen, dafür aber um so windiger. Das Volk quittierte seine Leistungen damit, daß es 562 sein Haus in Brand setzte.

Neben den hohen Steuerbelastungen standen jedoch auch kurzfristige Steuererlasse (z. B. für Städte, die in Kriegen geplündert worden waren), vereinzelte Finanzhilfen und Zinsregulierungen. Nach der Pestepidemie 541/42 versuchte der Kaiser, den Preissteigerungen gesetzlich entgegenzuwirken (*Novelle* 122), konnte aber den Währungsverfall nicht stoppen. Im Zusammenhang der ökonomischen Entwicklungen bleibt zu erwähnen, daß es 551/52 Mönchen gelang, die Eier der Seidenraupe ins Oströmische Reich zu schmuggeln, so daß sich dort eine eigene Seidenraupenzucht als wichtiger Wirtschaftsfaktor entwickeln konnte.

Eine Reihe von Justinians Gesetzen behandelt die Stellung von Frauen und Kindern. Innerhalb der Ehe wurde die Position der Frau gegenüber dem Mann gestärkt; vorgegangen wurde gegen Frauenraub, Versklavung und Aussetzung von Kindern. Weitere Regelungen betrafen die Mitgift sowie das Erbrecht von Frauen und Kindern.

Ein weiterer Komplex von Gesetzen wird häufig unter das Stichwort ‹Sozialgesetzgebung› gefaßt; dies ist aber insofern irreführend, als die entsprechenden Bestimmungen lediglich Ausdruck christlicher Fürsorge- sowie traditioneller kaiserlicher Patronatspflichten sind. Daß sie bei Justinian eine besondere Bedeutung besitzen, resultiert aus dessen spezifischer Interpretation seines göttlichen Auftrags. Zu diesen Maßnahmen gehören beispielsweise Verbesserungen der Lebensbedingungen für Sklaven, die Einrichtung und Erweiterung sozialer und mildtätiger Institutionen (Fremden-, Armen-, Waisen- und Krankenhäuser, Altenheime sowie Klöster), das Vorgehen gegen Prostitution und Kuppelei sowie gegen Homosexualität und Päderastie.

Vor allem in den ersten Jahren seiner Herrschaft präsentierte sich Justinian als eifriger und tatkräftiger Reformer. Die meisten seiner Gesetze fallen in die Phase 527–542. Danach gingen seine Aktivitäten rapide zurück. Denn in den frühen 40er Jahren vollzogen sich Entwicklungen, die Kaiser und Reich mit einer völlig neuen Situation konfrontierten. Die Zeit der großen Erfolge war vorüber.

9. Die Wendezeit: Kriegslasten und Pest seit 540

Im nachhinein war den meisten Zeitgenossen wohl klar, was es zu bedeuten hatte, als sich Ende 539 ein Komet am Himmel zeigte, der aufgrund der ihm bald zugemessenen Bedeutung später schlicht als «der Komet» galt: Er war Vorbote des Unheils, das nun über die Römer hereinbrechen sollte. Eine solche Sichtweise *ex eventu* entsprach den üblichen Gepflogenheiten in der Antike, Naturerscheinungen als Zeichen bzw. Vorzeichen zu interpretieren – zumal in einer durch eschatologische Naherwartungen ohnehin belasteten Phase wie im 6. Jahrhundert. Die auf den Kometen folgenden Ereignisse schienen eine solche Deutung denn auch ganz besonders zu bestätigen:

Immer wieder hatten schon in der Vergangenheit, auch unter Justinian, auswärtige Scharen die Donau überschritten und römisches Territorium verwüstet. Doch der Überfall kutrigurischer Bulgaren im Jahr 539/40 besaß eine besondere Qualität. Die Invasoren verheerten Thrakien und Illyrien, plünderten Kassandreia und überrannten sogar die Langen Mauern vor Konstantinopel. Einigen gelangen Kaperfahrten zur kleinasiatischen Küste. Prokop spricht – sicherlich übertrieben – von 120 000 römischen Gefangenen. Ein weiteres Bulgarenheer stieß bis tief nach Griechenland vor, umging die Thermopylen und gelangte immerhin bis zum Isthmos – einzig die Peloponnes blieb verschont.

Noch schlimmer entwickelte sich die Lage im Osten, wo der Perserkönig Chosroes regierte. Chosroes I. Anuschirvan (531–579) war der bedeutendste Herrscher der persischen Sasanidendynastie. Wie Justinian war er ein tatkräftiger Reformer, skrupellos, wenn es um den eigenen Machterhalt ging, und außenpolitisch der härteste Widersacher der Römer. Unter seiner Herrschaft konsolidierte sich das Perserreich im Innern und konnte durch neue Eroberungen erweitert werden. Chosroes hatte ein offenes Ohr für Witigis' gegen die Römer gerichteten Hilferuf (S. 69). Schon die römischen Erfolge in Afrika waren ihm ein Dorn im Auge gewesen. Jetzt sah er die Chance für einen lukrativen Plünderungszug, denn Justinian hatte in blindem Vertrauen auf den ‹ewigen› Frieden die römische Ostgrenze sträflich vernachlässigt. Im Frühjahr 540 griff Chosroes mit einem gewaltigen Heer an. Später Überlieferung zufolge soll er 90 000 Krieger mit sich geführt haben. Ob diese Zahl vertrauenswürdig ist, mag man bezweifeln. Jedenfalls muß seine Überlegenheit immens gewesen sein. Bald war klar, daß der Vorstoß auf Antiocheia zielte, das Zentrum des Ostens – neben Konstantinopel und Alexandreia die größte Stadt des Reiches. Der Kaiser entsandte seinen Vetter Germanos mit einer Truppe von 300(!) Mann. Die Bevölkerung der betroffenen Gebiete dürfte angesichts dieser ‹Unterstützung› entsetzt gewesen sein, zumal ein von Justinian versprochenes großes Heer, das nachfolgen sollte, nie auf den Weg gebracht wurde. Eilig zog man 6000 Soldaten aus den umliegenden Regionen zusammen, um wenigstens überhaupt Widerstand leisten zu können. Chosroes' Vormarsch ging derweil rasch vonstatten. Das stark befestigte römische Grenzkastell Kirkesion wagte er nicht anzugreifen. Stattdessen zog er am Euphrat entlang nach Nordwesten, vorbei an Zenobia, das ihm keine Eroberung wert war, bis nach Sura. Die Stadt wurde geplündert und niedergebrannt, ihre Einwohner wurden niedergemetzelt oder versklavt. Inzwischen hatten hektische diplomatische Bemühungen eingesetzt. Sie gingen von den Bischöfen der bedrohten Städte aus, die nach dem Versagen der kaiserlichen Verteidigungsposten die Initiative ergriffen und versuchten, einzelne Städte freizukaufen. In Hierapolis, wo Chosroes als nächstes erschien, gelang dies. Zuvor hatte Buzes, der höchste General im römischen Osten, dort residiert, sich aber nach dem Fall von Sura mit seinen Elitetruppen aus dem Staub gemacht und Hierapolis seinem Schicksal überlassen. Das Vertrauen in die kaiserliche Führung sank. Immerhin versprach Chosroes jetzt dem Bischof von Beroia, gegen eine hohe Goldzahlung nicht nur den Vormarsch auf Antiocheia abzubrechen, sondern sogar das römische Gebiet ganz zu verlassen. Das Schlimmste schien also doch noch abgewendet. Umso ernüchternder gestaltete sich die Lage, als der Bischof mit dieser freudigen Botschaft nach Antiocheia kam: Dort waren nämlich inzwischen kaiserliche Gesandte eingetroffen, die jeglichen Separatfrieden mit den Persern verboten. Germanos verlor daraufhin die Nerven und floh, und auch der Patriarch Ephraem setzte sich ab. Antiocheia war jetzt auf sich allein gestellt. Chosroes setzte seinen Vormarsch ungehindert fort. Beroia fiel, versprengte römische Soldaten liefen zu den Persern über. Die Situation für Antiocheia wurde immer kritischer, schließlich erschienen die Perser vor den Mauern. Noch einmal forderte Chosroes Lösegeld, gab sogar in der Höhe nach, doch die kaiserlichen Gesandten blieben stur. Daraufhin griff Chosroes an. Rasch flohen die regulären Truppen, und die Antiochener allein konnten ihre Stadt nicht retten. Die Metropole wurde vernichtet, überlebende Bürger wurden verschleppt und als Verband im Perserreich angesiedelt.

Die Zerstörung Antiocheias hat die Römer tief getroffen. Der Schock dieses Ereignisses wirkt in zahlreichen Quellen spürbar nach und erscheint noch Jahrzehnte später als unauslöschliches Trauma. Der Kaiser hatte, so sahen es zumindest viele Zeitgenossen, die wichtigste Stadt des Ostens schutzlos preisgegeben.

Nun war Konstantinopel bereit zu verhandeln, und bald einigte man sich auf einen Rückzug der Perser gegen beträchtliche Zahlungen. Doch auch dieser Abzug verlief nicht komplikationslos. Chosroes ‹besuchte› Seleukeia, Daphne und Apameia, dessen Bewohner ihre Schonung auf die Wunderkraft einer Kreuzreliquie zurückführten. Edessa konnte sich freikaufen, Dara wurde angegriffen, hielt aber stand. Schließlich zog Chosroes ab.

Auch in Italien verschlechterte sich die Position der Römer rapide, nachdem Belisar 540 in die Hauptstadt zurückgekehrt war. Die Ergebnisse der mühevollen Eroberung des Landes wurden innerhalb weniger Monate zunichte gemacht. Da Belisar das gotische Angebot des Kaiserthrons im Westen ausgeschlagen hatte, organisierten die Goten weiteren Widerstand. Dem neuen König Hildebad (540/41), Neffen des Westgotenkönigs Theudis, gelang es schnell, Ligurien und Venetien unter seine Kontrolle zu bringen. Ausbleibende Soldzahlungen und Differenzen unter den Generälen zersetzten die römischen Kräfte, die Steuerforderungen des oströmischen Regimes demoralisierten die Bevölkerung. Nach der Ermordung Hildebads und der episodischen Herrschaft des Rugiers Erarich wurde Hildebads Neffe Totila (541/42–552) zum König ausgerufen. Er war einer der fähigsten Heerführer auf dem ostgotischen Thron; seine einnehmende Persönlichkeit, sein energischer und zunächst erfolgversprechender Widerstand gegen Ostrom haben nicht nur Zeitgenossen, sondern insbesondere spätere Historiker und Romanciers fasziniert, die in ihm einen der großen ‹germanischen› Helden sahen. Die Realität gestaltete sich freilich wesentlich nüchterner. Unter Totila erlebte Italien die furchtbarste Phase des Gotenkrieges, und nach dem abschließenden Sieg der Römer (552) war das Land für Jahrzehnte durch Kriegsverluste, Zerstörungen, Hunger und Seuchen ausgeblutet.

Zunächst jedoch schien Totila alles zu gelingen – und damit entwickelte sich der eigentlich schon gewonnene Gotenkrieg für die Römer zu einer Katastrophe. Goten, weitere ‹Barbaren› und Römer liefen scharenweise zu dem charismatischen Gotenkönig über. Die römischen Truppen wurden besiegt und wieder besiegt. Totila gelang es, bis nach Unteritalien vorzustoßen, 543 zog er in Neapel ein. Alle Erfolge Belisars schienen dahin.

Und Konstantinopel? Hier trafen all die Schreckensmeldungen zusammen, und hier steigerte sich das Unheil in den Jahren 541/42 zu einem Ausmaß, wie man es zuvor noch nicht erlebt hatte: Denn Ende 541 erreichte auch noch die Beulenpest die Kaiserstadt. Es handelt sich dabei um das erste Mal in der Geschichte, daß diese Krankheit einigermaßen sicher nachweisbar ist. Das Grauen, das nun folgte, kannte keine Vorbilder.

Dem Pestausbruch vorausgegangen waren mehrere Erdbeben in der Hauptstadt, die die ohnehin gepeinigte Bevölkerung weiter zermürbt hatten. Von neuem lebten die Endzeiterwartungen machtvoll auf. War es jetzt bald soweit? Johannes Malalas berichtet, daß eine Frau, die laut prophezeite, daß das Meer bald alles verschlingen werde, große Aufmerksamkeit in Konstantinopel erregte. In Bittprozessionen zogen die Menschen durch die Straßen und versuchten so, das drohende Unheil abzuwehren. Sie blieben erfolglos. Im Jahr 541 brach in der ägyptischen Hafenstadt Pelusion die Pest aus, erreichte bald Alexandreia, dann Palästina und – wohl auf dem Seeweg – gegen Ende des Jahres Konstantinopel. Bis 543 hatte sie sich im gesamten Reich ausgebreitet und lähmte sogar den Perserkrieg, der mit Chosroes' Abzug 540 keineswegs abgeschlossen war. Von nun an sollte die Pest das Reich vorerst nicht mehr verlassen, sie wurde endemisch. Immer wieder trafen neue Wellen einzelne Regionen und Städte, so etwa 558 Konstantinopel oder 560/61 Antiocheia und Kilikien. Auch über die Grenzen des Oströmischen Reiches hinaus wütete die Seuche, z. B. 590 in Rom, und selbst Skandinavien blieb nicht verschont. Erst Mitte des 8. Jahrhunderts verschwand die Krankheit wieder. Die verheerendste Welle war jedoch die der Jahre 541/42. Zeitgenössische Autoren sahen «die ganze Welt» von der Pest befallen. Die Verlustzahlen in den Quellen sind gigantisch. Natürlich ist es übertrieben, wenn etwa Johannes von Ephesos von bis zu 16 000 Opfern täglich allein in Konstantinopel spricht und Prokop angibt, daß die Hälfte der Reichsbevölkerung umgekommen sei (*HA* 18,44). Aber solche Zahlen spiegeln doch sehr deutlich, welche unvorstellbaren Ausmaße dem Unheil beigemessen wurden. Sie können als Chiffren gelesen werden für ‹zahllos›, ‹unfaßbar›, ‹unvorstellbar› und dergleichen.

In der modernen Forschung wurde viel darüber spekuliert, wie sich die Pest auf die Bevölkerungsentwicklung ausgewirkt hat. Da hierfür verwertbares Datenmaterial fehlt, fällt eine Antwort darauf sehr schwer. Fest steht, daß die Bevölkerung des Mittelmeerraumes massiv zurückgegangen ist. Wenn man eine Verlustrate von ca. 25 % annimmt, wird man vielleicht annähernd das Richtige treffen. Gewißheit in diesem Punkt gibt es freilich nicht. Jedenfalls gab es beträchtliche regionale Unterschiede. Insbesondere die Städte litten schwer, vor allem die Küstenstädte – Verkehrsknotenpunkte, wo die unter ungünstigen hygienischen Verhältnissen dicht gedrängt lebenden Einwohner der Seuche optimale Verbreitungsmöglichkeiten boten. Doch konnten durchaus auch ganze Städte Glück haben und völlig verschont bleiben. Oft wurden sie dann aber Opfer einer Jahre später nachfolgenden Welle.

Je weiter man ins Binnenland kam, desto langsamer verbreitete sich in der Regel die Seuche, doch gab es auch auf dem Land in einigen Regionen schwere Verluste. Johannes von Ephesos hat während der Epidemie das Oströmische Reich bereist und auch Konstantinopel besucht, als die Seuche dort ihren Höhepunkt erreicht hatte. Er fand Dörfer vor, die völlig entvölkert waren, Ackerflächen, die aufgrund des Todes der Bauern nicht mehr bearbeitet wurden, und von Viehseuchen heimgesuchtes Weideland. Handel und Gewerbe litten stark, die Währung verfiel, vielfach brach die Infrastruktur zusammen, in einigen Städten, wie z. B. Konstantinopel, kam das öffentliche Leben vollständig zum Erliegen. Viele Menschen flohen aus den Städten ins Binnenland, in der Hoffnung, so vor dem Unglück verschont zu bleiben. Andererseits wurden vielfach kleinere Siedlungen wegen allzu zahlreicher Opfer aufgegeben, und die Menschen zogen in größere Ortschaften. Dies alles führte zu siedlungsgeographischen Verschiebungen, die mittelfristig auch zur Transformation der antiken Stadtkultur beitrugen.

Der Pest folgte der Hunger. Immer wieder berichten die Quellen besonders für die 40er Jahre von schweren Hungersnöten in verschiedenen Regionen des Reiches. Zudem führten die hohen Bevölkerungsverluste zu Rekrutierungsengpässen im Heer. In den Städten sorgte indes das Bestattungsproblem für chaotische Zustände. Dem Chronisten Theophanes zufolge sollen bei der zweiten Pestwelle 558 in Konstantinopel nicht mehr genügend Lebende vorhanden gewesen sein, um die Toten zu bestatten; Prokop berichtet, daß Justinian 541/42 in Konstantinopel einen eigenen Beamten mit festem Mitarbeiterstab einsetzte, um die zahllosen Leichen zu beseitigen.

Am meisten quälte die Menschen jedoch die Angst. Da man die Ursachen und Übertragungswege der Krankheit nicht kannte, da man ihr schubweises, mitunter sprunghaft, manchmal gar planvoll anmutendes Vordringen nicht erklären konnte, griff eine zunehmende Verunsicherung um sich. Da Beulenpest, Lungenpest und Pestsepsis nebeneinander auftraten, aber unterschiedliche Symptome, Verläufe und Sterblichkeitsquoten hatten, und da das Überleben einer Erkrankung in der Regel, aber eben nicht immer, zur Immunität führte, wurde diese Unsicherheit noch weiter gesteigert. Johannes von Ephesos fragte sich jeden Morgen bang, ob er den Tag wohl überleben werde. Wenn die Menschen in Konstantinopel ihre Häuser verließen, trugen sie Armbänder mit ihren Namen, aus Angst, nach ihrem plötzlichen Tod anonym in einem Massengrab zu landen oder einfach auf der Straße zu verfaulen.

In den Quellen begegnet man immer wieder dem Versuch, dem Geschehen einen Sinn abzugewinnen, zumindest aber irgendwelche Gesetzmäßigkeiten in ihm zu erkennen. Einig waren sich alle darin, daß die Pest von Gott gesandt war, und das Erklärungsmuster des Gotteszornes wegen menschlicher Sündhaftigkeit wurde vielfach aufgegriffen – nicht zuletzt von Johannes von Ephesos, dessen ausführliche und mit großer Anteilnahme verfaßte Pestbeschreibung ein Musterbeispiel dafür bietet, wie dieser Deutungszusammenhang von menschlichem Tun und Ergehen herangezogen wurde. Immer wieder schildert er in einzelnen Episoden, wie Sünder von der Pest bestraft wurden, und in einer furchtbaren Drastik führt er seinen Lesern das Grauen der Pest anschaulich vor Augen, um sie zu einem gottgefälligen Lebenswandel zu motivieren.

Um Schonung vor der göttlichen Züchtigung zu erhalten, bekehrten sich viele plötzlich zu einem betont frommen Lebenswandel – um unmittelbar nach dem Abebben der akuten Gefahr dann doch wieder zu ihrer alten Lebensweise zurückzukehren. Andere hingegen waren hinsichtlich der Ursachen der Katastrophen skeptischer, wie etwa der Historiker Agathias, der einfach nicht verstehen wollte, daß Gott so viele Unschuldige töten soll, nur um einige Sünder zu strafen (Agathias 5,4,3–6). Einige konnten sogar überhaupt keine sinnhaften Zusammenhänge mehr erkennen, so daß es wiederholt zu Ausbrüchen von Massenhysterien kam, die ganze Städte erfaßten (Konstantinopel 542) und mitunter mehrere Monate anhalten konnten (Amida

560). Berichtet wird auch, daß einige Menschen sich wieder dem Heidentum zuwandten. Selbst der fromme Kirchenhistoriker Euagrios will nach dem Tod seiner Verwandten kurzfristig mit der himmlischen Gerechtigkeit gehadert haben. Wieder andere sahen in Mönchen und Klerikern die Verursacher der Pest und mieden bewußt den Umgang mit ihnen. Man glaubte, daß Gespenster am Werk seien, die durch die Straßen zögen und den Menschen die Krankheit zufügten. Manche wollten ganze Geisterschiffe mit kopflosen Pestgespenstern gesehen haben.

Auch Justinian erkrankte 542 an der Pest, und sein Zustand war offensichtlich kritisch. Unter den hohen Reichsbeamten wurde bereits über mögliche Nachfolger spekuliert. Weil Belisar und Buzes sich dabei unvorsichtigerweise mit einer kurzen Bemerkung allzuweit aus dem Fenster gelehnt hatten, sollen sie den Zorn Theodoras auf sich gezogen haben. Buzes verschwand daraufhin für längere Zeit im Kerker, und Belisar verlor immerhin sein Kommando im Perserkrieg, das Justinian ihm erst 541 zur Abwehr der Überfälle Chosroes' übertragen hatte.

Doch der Kaiser erholte sich wieder. Als die Pest allmählich wieder abebbte, war eine einfache Rückkehr zum Alltag allerdings nicht mehr möglich. Zuviel hatte sich durch die Katastrophen der Jahre 540–542 verändert. Der Optimismus des Kaisers war der bitteren Erkenntnis gewichen, daß Gott ihn nicht nur mit Geschenken segnete. Die Bevölkerung wußte nicht, wie sie das Unheil zu deuten hatte. Da die Katastrophen offenbar doch nicht das Ende der Welt ankündigten – denn dieses blieb ja aus – konnte man sie nicht mehr erklären; doch gerade dies steigerte ihre Wirkung noch zusätzlich. Zudem war unübersehbar, daß der Kaiser seinen Untertanen nicht hatte beistehen können – weder gegen Bulgaren und Perser noch gegen Erdbeben oder andere Naturkatastrophen und auch nicht gegen die Pest. Ja, er selbst war von der Krankheit ergriffen geworden. Zürnte Gott also dem Kaiser?

10. Vom Kaiser zum Theologen

Justinian scheint selbst intensiv über dieser Frage gegrübelt zu haben, denn seit den großen Rückschlägen der frühen 40er Jahre lassen sich bemerkenswerte Veränderungen in seiner Politik feststellen. Die emsige Aktivität der frühen Jahre weicht nun einer zögerlich-reaktiven Haltung. Die Quellen, vor allem Prokop, Agathias und Malalas, vermerken Stagnation und eine in der Bevölkerung um sich greifende Angst vor weiterem Unheil; und tatsächlich kam es immer wieder zu neuen Naturkatastrophen, vor allem zu Erdbeben. Die Zahl der Gesetze geht stark zurück. Gegenüber Kirchen- und Religionspolitik geraten andere Felder, wie etwa die Außenpolitik, mehr und mehr in den Hintergrund. Und Justinian selbst, der im übrigen in den Jahren 541/42 auch seine treuen Weggefährten Johannes den Kappadoker und Tribonian (letzterer wohl ein Opfer der Pest) verlor, wandelt sich immer mehr von einem an theologischen Fragen interessierten Kaiser zu einem Theologen auf dem Kaiserthron. Er sitze «*bis tief in die Nacht hinein in einem Konferenzzimmer*», so wird bei Prokop gespottet, und erörtere «*unermüdlich mit uralten Priestern die christlichen Lehren*» (Prokop *BG* 7,32,9), und der Epiker und Panegyriker Coripp konstatiert, daß Justinians ganzes Sinnen nur noch auf Gott gerichtet gewesen sei (Coripp *Laud. Iust.* 2,267). Und tatsächlich: Die nun kommenden Jahre bilden die Phase seiner Herrschaft, in der Justinian daran ging, theologische Traktate zu verfassen; es waren aber auch die Jahre der großen und zunehmend rücksichtslosen Eingriffe des Kaisers in theologische Auseinandersetzungen. Kennzeichnend war dabei nicht, daß Justinian Patriarchen willkürlich ab- und sogar den Papst üblen Mißhandlungen aussetzte; bemerkenswert war vielmehr die Art und Weise, wie dies geschah.

Kirche und Staat waren im Oströmischen Reich keine scharf getrennten Bereiche. Bereits mit Konstantin war es zu Verflechtungen gekommen, die in der Folgezeit nicht gelöst, sondern eher verstärkt wurden. Konstantin hatte sich in der Tradition des *pontifex maximus* gesehen, d. h. des altrömischen Oberpriesters, dem die Sorge um die Kulte und damit die religiösen Angelegenheiten oblag – deren ordnungsgemäße Verwaltung wiederum den Fortbestand des Staates garantierte. Zwar hatten die Kaiser seit dem späten 4. Jahrhundert den alten heidnischen Titel nicht mehr verwendet, sie bewahrten jedoch das damit verbundene Selbstverständnis. Zudem hatte Konstantin dadurch Maßstäbe gesetzt, daß er zur Schlichtung innerchristlicher Konflikte eigenmächtig Konzilien einberief und sogar selbst an ihnen teilnahm. Eine strikte Trennung zwischen ‹Staat› und ‹Kirche› war damit von vornherein ausgeschlossen. Daß die Verflechtungen im Westen nicht ähnlich eng gerieten wie im Osten, resultierte in erster Linie aus der Schwäche und dem letztendlichen Untergang des dortigen Kaisertums. Dies verschaffte dem Bischof von Rom, der seit Mitte des 5. Jahrhunderts Papst genannt werden kann, zusätzliche Handlungsoptionen, unter anderem indem er nun seinerseits Aufgaben der schwächelnden Kaiser an sich zog. Und so ist es auch nicht verwunderlich, daß die erste selbstbewußt vorgetragene ‹Zweigewaltentheorie› von einem Papst formuliert wurde (Gelasius, 492–496) und an einen oströmischen Kaiser (Anastasios) adressiert war.

Justinian stand ganz in der oströmischen Tradition kaiserlichen Selbstverständnisses, und auch in der Frage nach den Eingriffsrechten des Kaisers in kirchliche Angelegenheiten führte sein besonderes Sendungsbewußtsein zu pointierten Anschauungen. Für ihn ergab erst die harmonische Verbindung (*symphonía*) dessen, was wir ‹Staat› und ‹Kirche› nennen, das Reichsganze. Programmatisch formulierte er dies im Jahr 535: «*Die größten Gaben, die Gott den Menschen in seiner himmlischen Gnade geschenkt hat, sind Priestertum und Kaisertum; ersteres dient den göttlichen Dingen, letzteres steht den menschlichen Dingen vor und kümmert sich um sie. Beide, aus ein und demselben Ursprung hervorgehend, ordnen das menschliche Leben*» (*Novelle* 6 pr.). Allerdings war für ihn ebenso klar, daß diese *symphonía* vom Kaiser als dem Gottbeauftragten abhängig war und dirigiert wurde, eine Haltung, die man sehr unglücklich als ‹Caesaropapismus› bezeichnet hat.

Die großen religiösen Kontroversen, um die es im folgenden geht, werden in der Forschung unter den Stichworten ‹Origenistenstreit› und ‹Drei-Kapitel-Streit› zusammengefaßt. Beide wurden phasenweise parallel, inhaltlich jedoch – auch wenn einige tendenziöse Quellen anderes suggerieren – weitgehend unabhängig voneinander ausgefochten.

Der Origenismus umfaßte einen Komplex theologisch-philosophischer Anschauungen, die (zum Teil zu Unrecht) auf den großen Theologen Origenes († um 254) zurückgeführt wurden. Dieser hatte sich intensiv um eine Verbindung (neu)platonischer und christlicher Gottes- und Seelenvorstellungen bemüht und war damit schon zu Lebzeiten auf Widerstand gestoßen; die mit seinem Namen verbundenen Lehren waren mehrfach von kirchlichen Instanzen verworfen worden. Der Origenismus war Justinian eigentlich nicht neu. Daß er sich mit dem Problem erst jetzt, d. h. Anfang 543, befaßte, verweist einmal mehr auf seine intensive Hinwendung zu religions- und kirchenpolitischen Fragen seit den frühen 40er Jahren. In Palästina hatte es unter den Mönchen Auseinandersetzungen um den Origenismus gegeben, die bis vor die Patriarchen gelangten. Während Ephraem von Antiocheia den Origenismus verurteilte, schaltete Petros von Jerusalem den päpstlichen Apokrisiar (Vertreter in Konstantinopel) Pelagius ein, welcher wiederum Justinian informiert haben soll. Dieser muß aber – wie gesagt – schon zuvor Kenntnis der inhaltlichen Probleme besessen haben. Denn bereits 531 war der Origenist Leontios von Byzanz gemeinsam mit dem berühmten Asketen Sabas in die Hauptstadt gekommen, hatte weitere Gesinnungsgenossen um sich geschart und seine Fühler dabei sicherlich auch in Richtung des Kaiserpalastes ausgestreckt. Insbesondere der rührige Origenist Theodoros Askidas († 558) erlangte bald das Vertrauen des Kaisers. Trotzdem verurteilte Justinian den Origenismus erst Anfang 543 in einem Traktat, der als Edikt publiziert wurde und damit Gesetzeskraft erhielt. Eine erneute Verurteilung folgte dann 553 kurz vor Beginn des 5. Ökumenischen Konzils.

Was nun folgte, ist heute nur noch schwer zu beurteilen. Die Quellen suchen den Ausgangspunkt des Drei-Kapitel-Streites in einer Intrige des Theodoros Askidas; die moderne Forschung sieht in ihm einen Versuch Justinians, sich mit den Monophysiten auszusöhnen. Beides ist nicht sonderlich plausibel: Die Intrigen-Theorie der Quellen wirkt viel zu konstruiert, als daß sie Glaubwürdigkeit beanspruchen könnte. Vor allem die lateinischsprachigen Autoren aus dem Westen (Liberatus, Facundus), unsere Hauptquellen, haben offenbar ihren fehlenden Einblick in die komplizierten theologischen Debatten und kirchenpolitischen Vorgänge in Konstantinopel dadurch zu kaschieren versucht, daß sie alles auf eine Hofintrige zurückführten. Dies entspricht grundsätzlichen Tendenzen antiker Historiographie, komplexe Ereignisabläufe zu personalisieren. Die moderne These eines Aussöhnungsversuches mit den Monophysiten hingegen scheitert allein daran, daß – auch in Justinians eigenen Schriften – außerhalb und innerhalb des Drei-Kapitel-Streites nicht die geringsten Indizien vorliegen, die eine solche Vermutung stützen können. Im Gegenteil: Was Justinian über die Monophysiten äußerte, spricht eher für Entfremdung und massive Aversion.

Bei den sog. Drei Kapiteln (von lat. *capita*, ‹Häupter›) handelte es sich um Schriften (bzw. deren Autoren), die im Verdacht des Nestorianismus standen. Im einzelnen ging es um Ibas von Edessa († 457), Theodoros von Mopsuestia († 428) und den auch als Kirchenhistoriker bekannten Theodoret von Kyrrhos († um 466). Theodoret und Ibas waren auf dem Konzil von Chalkedon allerdings bestätigt worden. Im Zentrum standen also wieder einmal die Folgen von Chalkedon. Theodoros Askidas soll nun, so wird berichtet, den Plan gefaßt haben, sich für die Verurteilung des Origenismus zu rächen, und zwar durch einen gezielten Angriff auf Chalkedon. Um den chalkedonischen Kaiser für diese Sache zu gewinnen, habe das Ganze so aussehen müssen, als sei es um eine *Verteidigung* Chalkedons gegen nestorianische Interpretationen gegangen. Man mußte also die angeblich nestorianisierenden Züge der Drei Kapitel besonders hervorheben, um dem Kaiser ihre Verurteilung schmackhaft zu machen, und dadurch wiederum habe Justinian verleitet werden sollen, gleichsam unbewußt, aber in fataler Weise gegen seine eigenen religiösen Überzeugungen zu handeln, nämlich letztendlich wichtige Beschlüsse des Konzils von Chalkedon auszuhebeln.

Dies alles ist schon deshalb kaum zutreffend, weil Justinian die Drei-Kapitel-Problematik längst kannte, denn sie spielte bereits 532 beim Gespräch mit den Severianern (S. 36) eine Rolle. Wie beim Origenistenproblem gilt aber auch hier: Es ist auffällig, daß Justinian die Sache erst jetzt anging.

Um 544/45 verfaßte er einen ersten Traktat gegen die Drei Kapitel und forderte alle fünf Patriarchen dazu auf, diesen zu unterzeichnen. Dies wurde von einigen als ungeheuerlich aufgefaßt, zumal Justinian dasselbe bereits (mit Erfolg) für sein Edikt gegen den Origenismus verlangt hatte. Menas von Konstantinopel (536–552) wollte erst die Entscheidung des Papstes abwarten. Papst Vigilius (537–555) wurde daraufhin 545 während einer Messe im gotisch belagerten Rom festgenommen und traf Anfang 547 – feierlich empfangen – in Konstantinopel ein. Dort begann für ihn eine lange Leidenszeit. Zunächst einmal setzten sich Menas und Vigilius gegenseitig ab, versöhnten sich aber einige Monate später wieder. Am 11. April 548 verurteilte der Papst die Drei Kapitel in seinem *Iudicatum*, was ihm jedoch heftigen Widerstand in den westlichen Kirchen eintrug, unter anderem eine Exkommunikation durch eine afrikanische Synode (550). Durch diesen Druck veranlaßt, zog Vigilius das *Iudicatum* zurück und einigte sich mit Justinian auf die Abhaltung eines allgemeinen Konzils; bis dahin sollten weitere Angriffe auf die Drei Kapitel unterbleiben. Vigilius verpflichtete sich im Gegenzug, bei diesem Konzil für eine Verurteilung der Drei Kapitel zu stimmen. Doch als im Sommer 551 ein neues kaiserliches Edikt über den rechten Glauben publiziert wurde, verschärften sich die Spannungen, insbesondere zwischen Vigilius und Askidas. Menas und Askidas wurden von Vigilius abgesetzt. Vor den Schergen, die ihn bedrängten, mußte der Papst mehrfach die Flucht ergreifen; selbst vor Gewalttaten war er nicht sicher.

Schließlich kam es doch noch zum großen Konzil von Konstantinopel, das als das 5. Ökumenische in die Geschichte eingegangen ist (553). Es stand unter der Leitung des konstantinopolitanischen Patriarchen Eutychios, des Nachfolgers des 552 verstorbenen Menas. Justinian nahm zwar nicht an den Verhandlungen teil, stellte aber bereits in seinem Eröffnungsschreiben klar, welches Ergebnis am Ende zu stehen habe: Eine Bestätigung der bereits ausgesprochenen Verurteilung der Drei Kapitel. Auch Vigilius blieb dem Konzil fern, aus Protest gegen die Unterrepräsentanz westlicher Bischöfe. Ein Kompromißvorschlag (*Constitutum I*), den er der Versammlung vorlegen ließ, fand überhaupt keine Beachtung. Die Beschlüsse wurden schließlich im Sinne Justinians gefaßt. Vigilius war bereits ein gebrochener Mann, als er im Dezember 553 und dann noch einmal im Februar 554 ebenfalls zustimmte (*Constitutum II*). Justinian schickte ihn jetzt wieder nach Hause, doch der glücklose Papst starb 555 auf der Reise in Syrakus. Er gilt als schwacher Papst, dem es nicht gelang, gegenüber dem Kaiser eine klare Haltung zu bewahren. Sein Nachfolger wurde Pelagius (556–561), einst ein engagierter Vorkämpfer für die Drei Kapitel. Justinians Angebot des Papststuhls ließ ihn seine Meinung ändern. Große Unterstützung fand er allerdings nicht. In Rom hielt er sich vor allem durch die kaiserlichen Truppen, einige italische Bistümer traten gegen ihn sogar ins Schisma, außerhalb Italiens war sein Ansehen gering.

Justinian hatte sein Ziel erreicht, wenngleich nur unter Anwendung massiver physischer und psychischer Gewalt. Immerhin waren auch Zoilos von Alexandreia und Makarios von Jerusalem Opfer der Kontroverse geworden und hatten ihre Patriarchenstühle verloren.

Wenn Justinian nicht lediglich auf eine Intrige des Theodoros Askidas hereingefallen ist, und wenn es ihm auch nicht um einen Ausgleich mit den Monophysiten ging – warum hat sich der Kaiser dann selbst all diese Schwierigkeiten aufgebürdet?

Zur Beantwortung dieser Frage muß man wiederum Justinians singuläres Sendungsbewußtsein berücksichtigen. Sein persönlicher Glaube sollte auch der Glaube der Reichsbevölkerung sein. Ihm persönlich ging es vor allem darum, Chalkedon gegen monophysitische und nestorianische Interpretationen abzusichern. Dazu versuchte er, das Chalcedonense im Sinne der Theologie des Kyrillos von Alexandreia († 444) auszulegen. Diese weist nach heutigen Maßstäben monophysitische Implikationen auf. Der Kaiser hingegen sah das anders: Für ihn war seine Auslegung der Konzilsbeschlüsse, für die man die Bezeichnung ‹Neuchalkedonismus› geprägt hat, natürlich in höchstem Maße orthodox (rechtgläubig).

Der religiöse Eifer des Kaisers war trotz allem noch nicht befriedigt. Im Jahr 553 nahm er eine innerjüdische Kontroverse über die Frage, in welcher Sprache die Heiligen Schriften im Gottesdienst zu lesen seien, zum Anlaß, sogar in den synagogalen Gottesdienst der Juden gesetzlich einzugreifen (*Novelle* 146); mit persischen Theologen suchte er das Gespräch. Einen letzten Paukenschlag setzte er Ende 564/Anfang 565 mit dem sogenannten Edikt über den Aphthartodoketismus, in dem er sich zu dieser monophysitischen Sonderrichtung bekannte, die die Unvergänglichkeit des Leibes Jesu lehrte. Dies war schon längst von der Mehrheit der Monophysiten, unter anderem von Severos, verurteilt worden. Aussöhnung mit den Monophysiten kann also auch hier nicht der Grund gewesen sein. Wiederum verlangte Justinian die schriftliche Zustimmung aller Bischöfe, und wieder kam es zum Eklat. Alle östlichen Patriarchen sperrten sich. Als erster mußte daraufhin Eutychios von Konstantinopel ins Exil gehen. Der Tod des Kaisers beendete dieses Mal jedoch den Spuk.

Man hat die Religionspolitik Justinians vielfach als ‹Zickzackkurs› bezeichnet, und auf den ersten Blick mögen seine Aktionen von der Durchsetzung der theopaschitischen Formel bis zum aphthartodoketischen Edikt auch diesen Eindruck erwekken. Führt man sich jedoch vor Augen, daß es dem Kaiser stets darum ging, seine eigenen religiösen Präferenzen durchzusetzen, das für ihn unumstößliche Konzil von Chalkedon im Sinne Kyrills auszulegen und die Monophysiten zu bekämpfen, so weist seine entsprechende Politik (mit Ausnahme des aphthartodoketischen Edikts) doch eine bemerkenswerte Konstanz auf.

Daß die Intensität und auch die Härte seiner Vorgehensweise in den 40er Jahren zunahm, scheint – wie angedeutet – eine Folge der Rückschläge der Jahre 540–542 gewesen zu sein, die den Kaiser auch persönlich mit ganz neuen Anforderungen konfrontiert haben. Genauso wie er seine früheren Erfolge als Geschenke Gottes aufgefaßt hatte, mußte er die folgenden Katastrophen als göttliche Strafen interpretieren – und daraus seine Konsequenzen ziehen.

11. Ostrom in der Defensive

Nach der Niederwerfung des Vandalenreiches hatte Justinian im April 534 in zwei Konstitutionen (*Codex Iustinianus* 1,27) das eroberte Gebiet als *praefectura praetorio Africae* mit sieben Provinzen neu organisiert. Die Kampfhandlungen waren jedoch, anders als erwartet, mit dem Ende der Vandalenherrschaft keineswegs eingestellt. Nach Belisars Rückkehr in die Hauptstadt 534 übernahm sein Gefolgsmann Solomon als *magister militum* und *praefectus praetorio Africae*, d. h. mit umfassender militärischer und ziviler Gewalt, das Kommando und machte sich daran, mit den Resten der Vandalenherrschaft sowie mit Arianern und Heiden aufzuräumen; gleichzeitig begann der Aufbau der oströmischen Verwaltung mit ihrem rigiden Steuersystem. Beides sorgte für erhebliche Unruhen unter enteigneten Vandalen, arianischen Klerikern, Heiden, Juden und oströmischen Soldaten, deren Soldzahlungen ausblieben. Schlimmer aber noch war die Bedrohung, die von den maurischen Berberstämmen ausging. An ihrer Beherrschung waren schon die Vandalen gescheitert, und auch jetzt kontrollierten sie große Teile der Mauretaniae und plünderten immer wieder die Byzacena und Numidia, bevor sie sich dann wieder in die unwirtlichen Wüstengebirge südlich dieser römischen Provinzen zurückzogen. Solomon gelangen 535 immerhin zwei größere Erfolge gegen sie, und er vertrieb sie auch aus der Byzacena. Seine Pläne für ein offensiveres Vorgehen wurden dann jedoch vereitelt, als im Frühjahr 536 eine Meuterei im römischen Heer ausbrach, der sich rasch zahlreiche Berber, Vandalen und Sklaven anschlossen. Die Aufständischen forderten unter anderem, daß römische Soldaten, die vandalische Frauen geheiratet hatten, die Landgüter der ehemaligen vandalischen Herren behalten durften; daneben fühlten sich arianische Soldaten im römischen Heer benachteiligt. Solomon entging nur knapp einem Anschlag und verlor die Kontrolle über seine Truppen. Die Aufständischen riefen Stotzas, einen ehemaligen Leibwächter des römischen Generals Martinos, zu ihrem Anführer aus. Das plötzliche Erscheinen Belisars aus Sizilien brachte nur kurzfristige Beruhigung, denn der Feldherr wurde auf der Insel dringender benötigt. Justinian entsandte jetzt seinen Vetter Germanos in die Unruheregion, und diesem gelang es schließlich, durch Soldzahlungen, Versprechungen und militärische Erfolge, die Meuterei zu beenden. Nach der Abberufung des Germanos 539 kehrte erneut Solomon nach Afrika zurück und konnte die Lage bis 543 relativ stabil halten. In dieser Phase tat er viel für die Konsolidierung der römischen Herrschaft; die Mauren konnten weiter zurückgedrängt, Städte und Grenzkastelle befestigt werden. Dann jedoch begannen erneut schwere Berberaufstände, verschuldet nicht zuletzt durch die ungeschickte Politik des Sergios, des Neffen Solomons. Die Lage spitzte sich nun rasch zu, zumal auch Stotzas wieder auftauchte. Solomon fiel 544 im Kampf; die Unfähigkeit der römischen Heerführer, darunter Solomons Nachfolger Sergios, der 545 von Justinian entsandte Senator Areobindos und der ambitionierte, aber undurchsichtige Armenier Artabanes, führte zu chaotischen Zuständen. Erst mit Johannes Troglita, der Ende 546 das Kommando in Afrika übernahm, begann 548 eine längere Ruhephase, die bis zu einem erneuten Aufstand 563 anhielt. Dieser konnte aber niedergeschlagen werden. Johannes Troglita zählt zu den fähigsten Feldherrn Justinians. Der afrikanische Dichter Coripp hat seine Leistungen in einem lateinischen Heldenepos (*Iohannis*) verewigt, das noch einmal die ehrwürdige epische Tradition der Antike aufgreift und ein eindrucksvolles Denkmal spätantiker Literatur darstellt.

Die zahlreichen Unruhen und Kriege hatten verheerende Folgen für die afrikanischen Provinzen. Prokop lobt zwar die Erfolge Johannes Troglitas, beklagt jedoch, daß das Land durch die Kriege entvölkert worden sei (*BG* 8,17,20–22), und noch Coripp spricht in seinem Panegyricus auf Justin II. von den «Afrikanern im Elend» (*miseri Afri*: *Laud. Iust. Anast.* 37). Hinzukamen die Spannungen zwischen Justinian und afrikanischen Bischöfen im Drei-Kapitel-Streit. Erst gegen Ende des 6. Jahrhunderts scheint in Afrika wieder eine gewisse Prosperität vorgeherrscht zu haben.

Weitaus belastender waren jedoch die anhaltenden Auseinandersetzungen mit den Persern. Chosroes' vernichtender Angriff 540 hatte hier nur den Beginn eines langwierigen, mit zäher Verbissenheit geführten Krieges markiert. Bereits 541 stieß der Perser in das Königreich Lazika östlich des Schwarzen Meeres vor, das damals unter römischem Einfluß stand, und eroberte die strategisch wichtige Schwarzmeerfestung Petra. Gerufen hatte ihn der Lazenkönig Gubazes, der sich so der drückenden römischen Herrschaft zu entledigen gedachte. Derweil erschien im Frühjahr 541 Belisar auf dem östlichen Kriegsschauplatz und fiel in persisches Gebiet ein. Zwar scheiterte die Eroberung von Nisibis, doch konnten die Römer immerhin die Festung Sisauranon einnehmen. Disziplinprobleme und Krankheiten im Heer zwangen Belisar dann aber zum Rückzug. Im Frühjahr 542 war es dann wieder Chosroes, der seinerseits die Römer angriff. Durch ein geschicktes Täuschungsmanöver Belisars veranlaßt und aus Furcht vor der im Römischen Reich grassierenden Pest zog er sich jedoch wieder zurück. Inzwischen wurde Belisar abberufen – angeblich weil er während der Pesterkrankung Justinians zu vorlaut über dessen Nachfolge spekuliert haben soll (S. 84) – und durch Martinos ersetzt. Dieser stieß 543 mit einer stattlichen Streitmacht nach Armenien vor, erlitt aber bei Anglon eine katastrophale Niederlage. Einmal mehr ergriff 544 Chosroes die Initiative, doch seine Belagerung Edessas scheiterte. Als Johannes Troglita den Persern dann auch noch weitere Niederlagen beibrachte, war Chosroes endlich zu neuen Verhandlungen bereit. Das Ergebnis war 545 ein auf 5 Jahre befristeter Waffenstillstand unter Ausschluß der Lazika-Frage – hier hatte Chosroes noch weitergehende Pläne. Immerhin wurden Friedensgespräche für die Zukunft anvisiert. Trotzdem kostete Justinian das Ganze 2000 Goldpfund, doch war angesichts der Konzentration römischer Kräfte im Westen und der hohen Pestverluste zu diesem Zeitpunkt mehr einfach nicht zu erreichen.

Die Kämpfe in Lazika dauerten an. Gubazes mußte bald erkennen, daß das römische Regiment dem persischen doch vorzuziehen war (angeblich planten die Perser sogar die Deportation der Lazen), und wandte sich an Justinian um Hilfe. Dieser entsandte 548 ein Heer nach Lazika, das nach langer Belagerung Petra zurückerobern konnte, sich im übrigen aber in wechselvolle Kämpfe mit den Persern verstrickte.

Im Jahr 551 erneuerten beide Seiten ihr Waffenstillstandsabkommen von 545 für weitere 5 Jahre, allerdings abermals unter Ausschluß Lazikas. Die Perser verlangten wiederum 2000 Goldpfund sowie weitere 600 für die zwischen beiden Abkommen liegenden anderthalb Jahre. Immer deutlicher zeichnete sich jetzt ab, daß die Römer den Persern tributpflichtig wurden, und zwar zu einem Betrag von 400 Goldpfund jährlich.

In Lazika wurde derweil weiter gekämpft. Der Lazenkönig Gubazes fiel 555 einer Intrige römischer Generäle zum Opfer, über deren Unfähigkeit er sich zuvor bei Justinian beschwert hatte; die Lazen waren empört. Eine kaiserliche Untersuchungskommission verurteilte den Feldherrn Rusticus zum Tode, Martinos wurde seines Kommandos enthoben. Trotzdem zeichneten sich auch Erfolge ab: Um das Jahr 556 hatten die Römer die Kontrolle über die größten Teile Lazikas erlangt. Im Jahr 557 konnten dann sogar die Kämpfe vertraglich beendet werden, und zwar auf der für die Römer günstigen Basis des *status quo*. Der in Aussicht gestellte endgültige Friedensvertrag kam allerdings erst Ende 561, nach langwierigen Verhandlungen, auf Anregung der Römer zustande.

Der römische Gesandte Petros Patrikios erwirkte dabei einen 50jährigen Frieden, der die Römer einen Tribut von 30 000 Goldstücken jährlich kostete – das war mehr als die bisherigen 400 Goldpfund pro Jahr. Abgesehen von dieser hohen finanziellen Bürde konnten die Römer mit den Vertragsbestimmungen aber zufrieden sein: Ihre Position in Lazika blieb unangetastet, den Christen im Perserreich wurde Religionsfreiheit zugesichert. Trotzdem war der Vertrag mit dem ‹ewigen› Frieden von 532 nicht mehr zu vergleichen: Aus einer einmaligen Zahlung an die Perser für gemeinsame Verteidigungsaufgaben gegen auswärtige Eindringlinge war ein jährlicher Tribut geworden, mit dem der Friede vom unüberwindbaren Nachbarn teuer erkauft wurde.

Im Jahr 552 folgte Justinian einem Hilferuf des westgotischen Thronprätendenten Athanagild, der sich gegen die Herrschaft König Agilas (549–555) erhoben hatte. Der Kaiser beorderte daraufhin ein Interventionsheer nach Spanien. Anders als in der Literatur zumeist zu lesen ist, dürfte es dabei kaum um die vollständige Rückeroberung der iberischen Halbinsel gegangen sein. Auch Justinian dürfte klar gewesen sein, daß ihm für ein solches Unternehmen um 550 nicht mehr genügend Ressourcen zur Verfügung standen. Daß mit dem Kommando über das Expeditionskorps der über 80jährige Diplomat Liberios betraut wurde, ist zudem ein deutliches Indiz dafür, daß die Kriegsziele nicht allzu weit gesteckt waren. Wahrscheinlich ging es lediglich darum, das oströmische Afrika vor westgotischen Überfällen zu sichern. Bereits 547 hatten Westgoten die Straße von Gibraltar überschritten und Septem (heute Ceuta) angegriffen – die Gefahr war also durchaus real. Den Römern gelang die Eroberung einiger Städte und ihres Hinterlandes (Cartagena, Malaga, Cordoba). Nachdem Athanagild († 568) den westgotischen Thron bestiegen hatte, bemühte er sich aber sogleich wieder um ihre Vertreibung und eroberte einige Plätze zurück. Ab ca. 625 waren alle spanischen Gebiete wieder westgotisch. Die oströmische Provinz Spania blieb Episode.

Unterdessen blutete Italien unter der Last des neu entfachten Krieges zwischen Oströmern und Ostgoten allmählich aus. Die gesamte Apenninhalbinsel, d. h. auch Unteritalien, wurde von den erbitterten Kämpfen erfaßt; Städte wurden belagert, erobert und grausam geplündert, Hungersnöte breiteten sich aus. Die wechselvolle Geschichte dieses schwer lastenden 2. Gotenkrieges (541/42–552) im einzelnen nachzuerzählen, würde ein eigenes Buch füllen. Jahrelang war keine der beiden Kriegsparteien stark genug, die Sache endgültig für sich zu entscheiden. Zu hoch waren die Verluste der Goten im 1. Gotenkrieg (535–540) gewesen, zu klein waren die von Justinian nach Italien beorderten Kontingente, die zudem von eifersüchtig zankenden Feldherren angeführt wurden.

Im Jahr 544 kehrte Belisar auf den italischen Kriegsschauplatz zurück, doch die Kriegführung stockte weiterhin und blieb zerfahren. Totila gelang es, ein Abkommen mit den Franken zu erzielen, das ihm in Oberitalien den Rücken freihielt. Ende 546 konnte er Rom zurückgewinnen, ein Erfolg von großem Symbolwert. Trotzdem ließ Justinian sich nicht auf Verhandlungen mit den Goten ein; stattdessen verstärkte Belisar seine Bemühungen, so daß Totila bereits 547 Rom, dessen gänzliche Zerstörung er kurzfristig erwogen hatte, wieder aufgeben mußte. Erstmals hatte sein bis dahin hohes Ansehen bei den Germanen Schaden genommen. Beide Seiten setzten nun zunehmend auf die Mobilisierung von bäuerlichen Unterschichten und Sklaven, was Totila – wohl zu Unrecht – den Ruf eines Sklavenbefreiers und Sozialrevolutionärs eingetragen hat. Faktisch ging es lediglich darum, das zunehmend schwindende Rekrutierungsreservoir aufzufüllen.

Belisar gelang es nicht, den Kaiser zur Entsendung entscheidender Verstärkungen zu bewegen. Im Jahr 548 schickte er seine Frau Antonina nach Konstantinopel, um bei ihrer Freundin Theodora etwas zu erreichen. Als Antonina in der Hauptstadt eintraf, war die Kaiserin jedoch bereits gestorben. Antonina soll Justinian daraufhin überredet haben, den dieses Mal glücklosen Feldherrn zurückzuberufen. Für Belisar war der Gotenkrieg somit 549 beendet. Sein einstiger Bewunderer Prokop zeigt sich erbittert über die mangelnde Entschlossenheit Belisars in den Jahren 544–549. Der vormals größte Feldherr seiner Zeit ließ sich jetzt in Konstantinopel zur Ruhe nieder.

Anfang 550 gelang es Totila wieder einmal, Rom zu erobern. Er propagierte die Vision eines von Goten und Römern gemeinsam bewohnten Rom und trat erneut in Verhandlungen mit Konstantinopel ein. Doch Justinian blieb stur. Er beauftragte jetzt seinen loyal ergebenen Vetter Germanos mit der Kriegführung in Italien. Germanos, der dem Kaiser bereits während der Meuterei in Afrika 536 gute Dienste geleistet hatte (S. 94), stand für eine längerfristige Integration der unterworfenen Goten in das Römische Reich. Symbolcharakter sollte dabei seine Ehe mit der gotischen Prinzessin Matasuntha, einer Enkelin

Theoderichs, besitzen. Von Justinian mit frischen Truppen ausgestattet, brach er auf – und starb unterwegs an einer Krankheit.

Justinian spielte nun seine letzte Karte aus: Er schickte als neuen Befehlshaber seinen Oberkammerherrn, den persarmenischen Eunuchen Narses, der ihn bereits im Nika-Aufstand unterstützt hatte und dessen Erscheinen im 1. Gotenkrieg für schwere Zerwürfnisse mit Belisar gesorgt hatte (S. 69). Narses galt als Vertrauter Theodoras, er war fromm und trat auch als Klostergründer hervor. Allerdings wurden ihm monophysitische Neigungen nachgesagt; nach dem Tod des alexandrinischen Patriarchen Timotheos hatte er – wohl im Auftrag der Kaiserin – dessen monophysitischen Nachfolger Theodosios gestützt. Zwar hatte er keine klassische Erziehung genossen, doch war Narses ein kluger Taktiker und Organisator, der es zu enormem Reichtum gebracht hatte.

Narses' Kriegsplan war einfach, aber effektiv: Von Norden her sollte die Apenninhalbinsel ‹aufgerollt› werden. Die Voraussetzungen für diese Taktik schuf der Kaiser, indem er endlich genügend Truppen bereitstellte. Trotz aller Störmanöver der Goten war Narses' Vormarsch nach Süden nicht aufzuhalten. Am 6. Juni 552 fiel Ravenna. Wenige Tage später zog er weiter in Richtung Rom, von wo aus Totila ihm entgegenmarschierte. Auf der Hochebene der Busta Gallorum standen sich beide Heere schließlich zur Entscheidungsschlacht gegenüber. Um mehr Zeit bis zum Eintreffen weiterer Verstärkungen zu gewinnen, veranstaltete Totila zwischen den Schlachtreihen ein gespenstisches Reiterspiel. Schließlich begann der Angriff der gotischen Reiterei, blieb jedoch im römischen Pfeilhagel stecken. Im Chaos der Fluchtbewegung löste sich die gotische Ordnung auf; die Römer machten nun alles nieder. Nur wenige Goten entkamen, darunter der todwunde Totila. Er starb wenige Stunden später und wurde von seinen Begleitern bei Caprae (heute Caprara) bestattet. Selbst Prokop zollt ihm aufrichtige Achtung, wenn er festhält: «*Sein Tod entsprach nicht den vorausgehenden Taten […], und den Leistungen folgte kein gebührendes Ende*» (*BG* 8,32,28; Übers.: O. Veh).

Die Goten erhoben jetzt Teia zu ihrem König, der bei Narses' Einmarsch Kommandant der Garnison von Verona war. Teia bemühte sich um ein Bündnis mit den Franken und ließ 300 römische Kinder hinrichten, die Totila als Geiseln genommen hatte; auch römische Senatoren wurden getötet. Am Mons Lactarius bei Salerno traf sein Gotenheer im Oktober 552 auf die Armee des Narses. Teia fiel beim Wechsel seines Schildes, die Goten kämpften dennoch bis zur endgültigen Niederlage weiter. Narses gestattete tausend Goten den freien Abzug aus Italien, der Rest ergab sich den Römern.

Im Jahr 554 verfügte Justinian mit der *Constitutio Pragmatica* die Neuordnung Italiens. Narses blieb zunächst auf der Apenninhalbinsel, baute die oströmische Verwaltung aus, bekämpfte die 553 eingefallenen Franken und Alamannen und beseitigte bis 562 die letzten gotischen Widerstandsnester in Oberitalien (Verona, Brescia). Italien war wieder Teil des *Imperium Romanum*, aber der Preis, den das Land und das Reich dafür zu zahlen hatten, war hoch.

Während Justinian seine Armeen vor allem auf die persischen und italischen Konfliktherde konzentrierte, blieben andere Regionen des Reiches vielfach nahezu schutzlos. Insbesondere die Nordflanke im Balkanraum erwies sich dabei als steter Unruheherd, und immer wieder kam es zu Einfällen vor allem in Thrakien, Illyrien und Griechenland, Prokop zufolge sogar jedes Jahr (was aber sicherlich übertrieben ist). Es handelte sich bei den Invasoren zumeist um Raubscharen unterschiedlicher Größe, die ethnisch nicht immer klar zuzuordnen sind. In den Quellen ist von Slaven, Germanen, Bulgaren und Hunnen die Rede, doch werden viele dieser Gruppen, die sich zumeist lose um einen tüchtigen Anführer scharten, ganz heterogen zusammengesetzt gewesen sein. Vor allem in den 40er Jahren scheint es zu besonders schweren Übergriffen gekommen zu sein (S. 77). Bedrohlich für Konstantinopel wurde die Lage schließlich im Jahr 559, als bulgarische Kutriguren plündernd über Moesien und Thrakien herfielen und sich dann aufteilten: Eine Gruppe stieß bis tief nach Griechenland vor und wurde erst bei den Thermopylen gestellt. Eine andere Schar überrannte die Langen Mauern und bewegte sich in Richtung Konstantinopel. Die Stadt war jetzt nahezu schutzlos. In dieser Situation wandte sich Justinian ein letztes Mal an den alten Belisar, und der Feldherr bewies, daß seine taktischen Fähigkeiten noch immer brilliant waren. Mit wenigen, rasch aufgebotenen Männern warf er die Feinde zurück und sicherte die Hauptstadt.

Justinian versuchte gegen Ende seiner Herrschaftszeit auch bei Bulgaren und Slaven, wo immer er konnte, Frieden gegen Geldzahlungen zu erkaufen, sofern es ihm nicht gelang, einzelne Barbarenhorden gegeneinander auszuspielen. Zudem bemühte er sich, das Reich durch einen Gürtel von Grenzkastellen zu sichern. Aus eigenen Kräften konnte er die Nordgrenze aber nicht mehr aktiv verteidigen.

Der Kutrigureneinfall 559 war für die Bevölkerung Konstantinopels lediglich der Höhepunkt einer Serie von Schrecknissen und Katastrophen. Schwere Erdbeben hatten bereits 557 furchtbare Schäden in der Hauptstadt verursacht; die Kuppel der Hagia Sophia stürzte ein, wurde aber bis 562 wieder aufgebaut. Im Jahr 558 wütete erneut die Pest in Konstantinopel. Die Bevölkerung war verstört und verängstigt. Selbsternannte Propheten wanderten umher und verkündeten das Ende der Welt, reiche Bürger entsagten den weltlichen Dingen und zogen sich als Asketen zurück, und überall herrschten Angst und Panik. Auch aus anderen Regionen des Reiches trafen permanente Schreckensnachrichten ein. Erdbeben, Pest, Hungersnöte, Flutwellen und Hochwasser, Sonnen- und Mondfinsternisse und Kometen verunsicherten die Reichsbevölkerung. Schon 536/37 hatte ein Vulkanausbruch oder Asteroideneinschlag für eine monatelange Sonnenverfinsterung mit entsprechenden Auswirkungen auf Klima und Ernten gesorgt. Im Jahr 551 verwüsteten Erdbeben weite Teile Mittelgriechenlands und des östlichen Mittelmeerraumes. Im selben Jahr versank die Insel Kos unter einer Flutwelle. Doch trotz aller Befürchtungen und Erwartungen blieb das Weltende aus. Stattdessen rückte der Kaiser zunehmend ins Zentrum der Kritik.

12. Der Kaiser in der Defensive

War Justinian der Verursacher allen Übels? Hatte der Kaiser seine mitunter schwer vermittelbaren theologischen Positionen vielleicht mit allzu großer Vehemenz erstritten und wurde nun von Gott dafür gestraft? Hatte er seine Frömmigkeit und damit die Legitimationsgrundlage seiner Herrschaft verloren? Mußte man sogar so weit gehen wie Prokop in den *Anekdota* und Justinian mit dem Antichrist, ja mit dem Fürsten der Dämonen, d. h. dem Teufel selbst, identifizieren?

Fest steht jedenfalls, daß Justinian sich seit den 40er Jahren immer stärkerer Kritik ausgesetzt sah, die keineswegs lediglich von Angehörigen der alten, vom Kaiser weitgehend ins Abseits gedrängten Reichselite geäußert wurde. Nicht nur die schwer zu deutenden *Anekdota* bezeugen dies, sondern auch eine Reihe weiterer Bemerkungen Prokops sowie andere, in puncto Voreingenommenheit unverdächtigere Autoren wie Johannes von Ephesos, Johannes Malalas und Romanos Melodos. Die Stimmung verschlechterte sich vor allem in der Hauptstadt. Immer offensichtlicher wurde die nachlassende Energie des Kaisers. Seine Reform- und Gesetzgebungstätigkeit ging – wie schon angedeutet – seit 542 rapide zurück, und die außenpolitische Lage spitzte sich zu; mindestens ebenso schlimm war, daß Justinian eine Reihe fähiger Gefolgsleute verlor und nicht mehr in der Lage war, diese personellen Verluste angemessen auszugleichen. Männer wie Johannes der Kappadoker (541 gestürzt), Tribonian († 542), der Erbauer der Hagia Sophia Anthemios von Tralleis († vor 558), die Feldherren Mundos († 536), Sittas († 538/39) und Solomon († 544) und auch der immer wieder kaltgestellte Belisar wurden nicht mehr adäquat ersetzt. Der Kaiser hatte sein in Personalfragen einst so glückliches Händchen verloren.

Die wachsende Unzufriedenheit entlud sich in Verschwörungen und Unruhen in Konstantinopel. Im Jahr 549 planten zwei

Armenier, Arsakes und der bereits erwähnte Abenteurer Artabanes (S. 94), ein Attentat auf den Kaiser. Ihre Motive waren eher persönlicher Natur, und so fanden sie als typische Repräsentanten der unter Justinian aufgestiegenen neuen Elite auch keine Unterstützung in der traditionellen senatorischen Oberschicht. Das Mordkomplott wurde aufgedeckt, doch Justinian versäumte es, ein strenges Exempel zu statuieren. Stattdessen erhielt Artabanes bald darauf sogar ein hohes militärisches Kommando.

Wesentlich besser vorbereitet und daher um so gefährlicher war eine Verschwörung im Jahr 562, in die nunmehr auch einflußreiche Senatoren verwickelt waren. Ihre Aufdeckung zog eine Flut von Denunziationen nach sich; dabei fiel auch der Name Belisars, und Justinian ließ seinen Zorn nun ausgerechnet an dem ergebenen und sicherlich zu Unrecht bezichtigten Feldherrn aus, der seine Leibwache verlor und unter Hausarrest gestellt wurde. Erst 563 wurde er wieder formal rehabilitiert. Die Karrieren der eigentlichen Hintermänner des Anschlags erlitten hingegen kaum Schaden. War Justinian nicht mehr in der Lage, gegen einflußreiche Senatoren hart vorzugehen?

Die Bevölkerung der Hauptstadt zeigte seit 547 immer wieder ihren wachsenden Unmut. 15 Jahre waren seit dem Nika-Aufstand vergangen, und die Erinnerung an das damals angerichtete Blutbad war inzwischen verblaßt, hatte zumindest seine abschreckende Wirkung verloren. Bis zum Tod des Kaisers brachen jetzt wiederholt Unruhen und Aufstände in Konstantinopel aus, und die Chronisten deuten an, daß die Reaktionen der Regierung eine zunehmende Hilflosigkeit offenbarten. Von der skrupellosen Machtpolitik des Justinian der 30er Jahre war nichts mehr geblieben.

Daß die Bedrückungen, unter denen eine Gesellschaft zu leiden hat, auf den Herrscher als Verursacher zurückgeführt werden, ist keine außergewöhnliche Erscheinung. Die entscheidende Frage lautet hingegen: Wie gelingt es den Betroffenen, sich in solchen Situationen aus der Affäre zu ziehen und auf die Herrscherkritik zu reagieren? Justinian verfolgte dabei unterschiedliche Strategien. Zum einen versuchte er, die Aggressionen, die sich gegen ihn aufbauten, zu kanalisieren und auf Minderheiten abzulenken. So wird in der 77. *Novelle*, die wahrscheinlich zwischen 542 und 550/51 entstanden ist, das allgegenwärtige Unheil als Folge gottloser Handlungen einiger weniger gedeutet, die durch ihr Verhalten zahllose Unschuldige ins Leid gestürzt haben sollen, indem sie Hunger, Erdbeben und Pest heraufbeschworen hätten. Zielscheibe dieser Novelle waren vor allem Homosexuelle und Gotteslästerer. Auch die 141. *Novelle* aus dem Jahr 559, die ausdrücklich auf die Erdbeben-, Pest- und Kriegskatastrophen der Jahre 557–559 bezugnimmt, richtete sich gegen Homosexuelle.

Hart traf es auch die Altgläubigen: Schwere Heidenverfolgungen in den Jahren 545/46 und 562 sollten den aufgestauten Unmut offenbar gezielt auf pagane Minderheiten lenken. Für eine solche Interpretation dieser Vorgänge spricht insbesondere ihr betont öffentlicher Charakter, der sich in Bücher- und Bilderverbrennungen sowie in Schandparaden äußerte. Zu derart drastischen, auf Außenwirkung angelegten Maßnahmen scheint man während der Heidenverfolgung 528/29, die eher aus einem christlichen Missionsgedanken und politischen Säuberungswillen zu erklären ist, nicht gegriffen zu haben – jedenfalls bieten die Quellen dafür keine Hinweise.

Auf breite Wirkung war offensichtlich auch die grandios inszenierte Missionskampagne in Kleinasien ausgerichtet, die in ihrem Ausmaß die übrigen missionarischen Aktivitäten Justinians weit in den Schatten stellte. Seit Konstantin hatte die Heidenmission zu den vornehmsten Aufgaben eines christlichen Kaisers gehört, und gerade Justinian hatte sich aufgrund seines besonderen Selbstverständnisses in dieser Sache stets besonders bemüht, zumal durch Missionstätigkeit auswärtige Nachbarn an Ostrom gebunden sowie in politisch-militärische und ökonomische Interessensphären eingebunden werden konnten. Schon 522 hatte sich der Lazenkönig Tzath in Konstantinopel taufen lassen, 528 war ihm der ‹Hunne› Grod gefolgt, und auch der Heruler Grepes nahm damals das Christentum an. Unter Justinian wurden die Kaukasusvölker der Tzanen (30er Jahre) und Abasgen (40er Jahre) christianisiert, heidnische Zentren in

Nordafrika (z. B. Augila) und Ägypten (Philae) beseitigt. Große Bedeutung hatte die in den frühen 40er Jahren einsetzende Bekehrung der nubischen Stämme südlich von Ägypten, bei denen monophysitische, von Theodora unterstützte Missionare mit Justinians ‹orthodoxen› Beauftragten zum Teil erfolgreich rivalisierten. Wie weit der politische und religiöse Interessenradius Ostroms reichte, zeigt die Unterstützung, die Justin I. 524/25 den christlichen (monophysitischen) Axumiten (Bewohner des heutigen Äthiopien) gegen die Homeriten (im heutigen Jemen) gewährte, nachdem diese blutige Massaker unter Christen angerichtet hatten. Nach dem erfolgreichen Abschluß dieser Intervention wurden die Homeriten vom Patriarchen von Alexandreia monophysitisch missioniert.

Unter ‹Mission› darf im 6. Jahrhundert nicht nur die Bekehrung von Heiden verstanden werden; vielmehr ging es auch um die Gewinnung monophysitischer Christen für das Chalcedonense und umgekehrt. Die religiösen Differenzen des Kaiserpaares führten freilich dazu, daß es zu Missionierungen für beide Lager kam, und die Verschärfung der innerchristlichen Konflikte durch Justinians rigide Religionspolitik forcierte schließlich sogar die Entstehung einer eigenen monophysitischen Kirche in den südöstlichen Gebieten des Reiches. Schon Johannes von Tella (Konstantina) († 538) hatte dabei große Aktivitäten entfaltet. Im Jahr 541/42 erbat der Araber al-Harith bei Theodora monophysitische Missionare für seinen Stamm und erhielt sie. Fortan zogen, unterstützt vom exilierten alexandrinischen Patriarchen Theodosios († 566), vor allem Jakob Baradaios (mit dessen Namen die syrisch-monophysitische ‹jakobitische› Kirche noch heute verbunden wird) und Theodoros von Arabien unermüdlich durch die Lande und weihten monophysitische Kleriker.

Keine der Missionskampagnen des 6. Jahrhunderts erreichte jedoch – wie gesagt – Ausmaße wie die kleinasiatische (und damit innerrömische) des Johannes von Ephesos. Vor allem die Pest zwang Justinian, sich nunmehr besonders demonstrativ als eifriger Missionar zu zeigen und dadurch Vorwürfen entgegenzutreten, er habe seine Frömmigkeit eingebüßt und sei deshalb von Gott furchtbar gestraft worden, nicht zuletzt durch seine eigene Erkrankung. Ausgerechnet im Pestjahr 542 stattete er den bereits mehrfach erwähnten Johannes von Ephesos mit üppigen Mitteln aus und übertrug ihm die Heidenmission in Kleinasien. Der Zusammenhang von Pest und Heidenbekehrung wurde von Johannes, der im übrigen auch Initiator der Heidenverfolgung 545/46 war, denn auch klar erkannt. Er übertraf die in ihn gesetzten Erwartungen bei weitem und rühmte sich später, 70000 Menschen bekehrt, knapp 100 Kirchen errichtet und 12 Klöster gegründet zu haben. Angesichts der Tatsache, daß während der Pest offenbar rasche und eindrucksvolle Erfolge vonnöten waren, scheint es für Justinian keine Rolle mehr gespielt zu haben, daß Johannes bekennender Monophysit war.

Die Natur- und Kriegskatastrophen des 6. Jahrhunderts führten in der religiösen Praxis der Oströmer zu gravierenden Veränderungsprozessen, die einen wichtigen Markstein im Übergang von der oströmischen zur byzantinischen Geschichte darstellten. Nicht nur, daß aufgrund der unerfüllten Endzeiterwartungen, die vor allem mit dem Jahr 500 verknüpft waren (S. 25 ff.), die christliche Zeitrechnung regelrecht zusammenbrach, so daß chronologische Unsicherheiten weit verbreitet waren, die Justinian 537 sogar gesetzlich regeln zu müssen glaubte (*Novelle* 47) und die wahrscheinlich den Mönch Dionysius Exiguus zur Einführung der (zunächst allerdings wenig verbreiteten) Jahreszählung *nach Christi Geburt* veranlaßten. Vor allem das Gefühl, unkontrollierbaren Mächten und Wirkungszusammenhängen schutzlos ausgeliefert zu sein, scheint immer weiter um sich gegriffen zu haben, zumal sich zunehmend deutlicher abzeichnete, daß der Kaiser, der zurückgezogen in seinen Palastanlagen in Konstantinopel residierte und dort seinen theologischen Neigungen nachging, den Römern nicht mehr ausreichend zu helfen vermochte. Das Trauma der Eroberung Antiocheias 540 saß tief. Folglich wandten sich immer mehr Menschen neuen, zumeist außerweltlichen Schutzmächten zu. Gerade die furchtbaren Erfahrungen feindlicher Übergriffe auf schutzlose römische Städte scheinen dabei zur Ausbildung des byzantinischen Bilderkultes beigetragen zu haben. Die alte pagane Vorstellung von einer Stadt als einheitlicher Kultgemeinschaft lebte von neuem auf, nunmehr allerdings in christlichem Gewand. So berichtet der Kirchenhistoriker Euagrios gegen Ende des 6. Jahrhunderts, daß die persische Belagerung Edessas 544 nur deshalb gescheitert sei, weil die Edessener ein wunderwirkendes Christusbild besessen hätten (Euagrios, *Kirchengeschichte* 4,27), und auch andernorts erwiesen sich seit ca. Mitte des 6. Jahrhunderts wunderwirkende Ikonen (sogenannte *Acheiropoíeta*, d. h. Bilder, die nicht von Menschenhand geschaffen waren), Reliquien und Partikel des Heiligen Kreuzes als Beschützer ganzer Städte.

Gleichzeitig erlangte die Verehrung der Gottesmutter eine zunehmende Bedeutung, vor allem in Konstantinopel, wo Maria ohnehin seit dem 5. Jahrhundert besonders hoch geschätzt wurde und wo sich bereits wichtige Marienreliquien (Gewand, Gürtel) befanden. Insbesondere die Pestepidemie 541/42 scheint zu einer rasanten Zunahme der Marienfrömmigkeit geführt zu haben – ähnlich wie der Schwarze Tod im Spätmittelalter. Johannes von Ephesos berichtet, daß die Bevölkerung Konstantinopels sich während der Pest ausgerechnet an Maria als Schutzherrin gewandt habe. Justinian war gezwungen, auf entsprechende Tendenzen in der Bevölkerung zu reagieren, wollte er nicht noch weiter in den Ruf mangelnder Frömmigkeit geraten. Eine Reihe von Zeugnissen belegt die zunehmende Aktivität des Kaisers in dieser Hinsicht. So sagt etwa Prokop in seinem Panegyricus (Lobschrift) auf Justinian aus den frühen 50er Jahren, den *Bauten*, ausdrücklich, daß dem Kaiser die Verehrung der Gottesmutter ein besonderes Anliegen gewesen sei (*aed.* 1,3,1), und zählt in seinem Werk wichtige Marienkirchen auf, die Justinian errichten ließ. Auch die sogenannte Hypapante-Reform Justinians ist in diesem Zusammenhang wichtig: Denn der Kaiser hat bei der Verlegung dieses Festes (heute: ‹Darstellung des Herrn›) vom 14. auf den 2. Februar im Jahr 542, d. h. mitten in der großen Pestepidemie, nicht nur den korrekten Abstand von 40 Tagen zum bereits länger zuvor vom 6. Januar auf den 25. Dezember verlegten Weihnachtsfest wiederhergestellt; er hat zugleich auch das ursprünglich als Christusfest ausgewiesene Ereignis zu einem

Abb. 9: Die thronende Gottesmutter zwischen den Heiligen Theodor und Georg. Die Ikone entstand in der 2. Hälfte des 6. Jahrhunderts.

Marienfest mit zugehöriger Bußprozession umgestaltet. Damit konnte er seine eigene Marienfrömmigkeit in aller Deutlichkeit zur Schau und an die Seite der Marienfrömmigkeit der Bevölkerung, insbesondere der Bevölkerung Konstantinopels, stellen. Eine Ende des 12./Anfang des 13. Jahrhunderts schriftlich niedergelegte Marienlegende über Justinians Hypapante-Reform führt die Überwindung der Pest ausdrücklich auf die Einführung der Hypapante-Prozession als Marien-Prozession zurück. Daß man in Konstantinopel in der Tat davon ausging, die Epidemie mit Hilfe der Gottesmutter überwunden zu haben, zeigt sich daran, daß Papst Gregor der Große (590–604) diese Prozession kopierte, als im Jahr 590 die Pest in Rom wütete – und damit wiederum als erfolgreich galt.

Auch die Einführung des *Euangelismos* (‹Mariae Verkündigung›, 25. März) als feierlich begangenes Fest erfolgte zwischen 530 und 550 unter Justinian. Die nachfolgenden Kaiser schlos-

Abb. 10: Konsulardiptychon des Justinus (540). In der Mitte ist der Konsul Justinus abgebildet. Unter der Inschrift befinden sich Bildnisse Justinians und Theodoras, zwischen ihnen – auf gleicher Höhe! – Christus.

sen an diese demonstrative Marienverehrung an. Konstantinopel wurde zur ‹Stadt der Gottesmutter›.

Eine weitere Strategie Justinians zur Selbstimmunisierung gegen Kaiserkritik kann man unter das Schlagwort der ‹Sakralisierung des Kaisers› fassen. Auch diese Entwicklung ist von großer Bedeutung vor allem für die Frage nach dem Übergang von Ostrom zu Byzanz, denn sie bedeutet nicht weniger als die Ablösung des spätantiken christlichen Kaisertums durch ein byzantinisches, noch sehr viel stärker sakral gefärbtes Kaisertum. Spätjustinianische Bild- und Schriftquellen (seit ca. 540) zeigen, daß Justinian sich zunehmend *christusgleich* darstellen ließ. So erscheint er auf einem Konsulardiptychon (einer Elfenbeintafel, die den Amtsantritt eines Konsuls verkündete) des Jahres 540 auf gleicher Ebene wie Christus und ließ bei verschiedenen Anlässen eine Austauschbarkeit von Kaiser- und Christusbild suggerieren.

Paulos Silentiarios zeichnet in seiner Beschreibung der Kirche Hagia Sophia aus dem Jahr 562 einen der irdischen Welt entrückten Kaiser, der von oben auf die sündigen Menschen herabblickt – «wie Gott» (Paulos Silentiarios, *Ekphrasis* 47). Der Kaiser erscheint hier schon in Kategorien einer transzendenten Gottheit.

Gleichzeitig präsentierte sich Justinian aber auch zunehmend in der Rolle eines Heiligen Mannes, der als Asket ein besonderes Nahverhältnis zu Gott pflegte, gottgegebene Heilkräfte besaß und Wunder wirken konnte, wie aus einer Passage in den *Bauten* Prokops hervorgeht (*aed.* 1,7). Daß dies nicht lediglich gattungstypische Panegyrik ist, zeigt sich daran, daß Prokop dieselben asketischen Attitüden Justinians auch in seiner Schmähschrift, den *Anekdota*, aufgreift, dort allerdings ganz anders deutet, nämlich als Indizien für das dämonische Wesen des Kaisers (*HA* 13,28–30). Wer nur einen kurzen Blick in den um 566, also kurz nach Justinians Tod, entstandenen Panegyricus Coripps auf Justin II. wirft, wird sehen, welches Ausmaß die Sakralität des Kaisers nunmehr erreicht hatte. Der Kaiser ist gleichsam ein gottgleicher Heiliger, die *imago Christi* auf Erden. Aus der *imitatio Christi*, dem idealen Herrscherbild des spätantiken christlichen Kaisers, ist nun eine Austauschbarkeit von Kaiser und Christus geworden. Vergleicht man Coripps Bericht über die Inthronisation Justins II. (der natürlich das von Justinian hinterlassene Sakralkaisertum – denn um nicht weniger handelt es sich nunmehr – zunächst übernommen hat) mit den Berichten, die wir über die Kaiserkrönungen Justins I. (518) und Justinians (527) besitzen, so wird das ganze Ausmaß der Entwicklung deutlich. Der Kaiser wird jetzt nämlich durch religiöse Kategorien nicht mehr nur *legitimiert*, sondern vollends *definiert*.

13. Konstantinopel in spätjustinianischer Zeit

Das permanente Unheilsgeschehen, das die Herrschaft Justinians in Form von Natur- und Kriegskatastrophen begleitete, blieb nicht ohne Folgen. Trotz der ständigen Bedrückungen hatten sich die verbreiteten Endzeiterwartungen nicht erfüllt, und einige Zeitgenossen beschlich die unabweisbare Erkenntnis: Die Geschichte hatte offenbar ihr Ziel verloren. Was war mit der 6000jährigen Weltdauer? Wie sollte man die Naturkatastrophen deuten, wenn sie nun doch nicht auf das Weltende verwiesen? Das irdische Leben scheint als ein zunehmend chaotischer Zustand empfunden worden zu sein, und die oströmische Gesellschaft begann unwillkürlich, nach Ordnungsstrukturen zu suchen, mit deren Hilfe eine neue innere Stabilität hergestellt werden konnte. Obwohl auch die christliche Religion, besonders in ihren Aussagen zur Chronologie und Eschatologie, von den verbreiteten Unsicherheiten berührt wurde, bot sie dennoch ein Orientierungssystem, nach dem man sich auf dem Weg zu neuer Ordnung richten konnte. Dieser Neuorientierungsprozeß setzte in spätjustinianischer Zeit (d. h. um die Mitte des 6. Jahrhunderts) ein und besitzt einen ausgesprochen komplexen Charakter. Das Aufkommen des Bilderkultes, die Zunahme der Marienverehrung und die Sakralisierung des Kaisers sind verschiedene Aspekte, an denen er sich greifen und beschreiben läßt. Prinzipiell kann man festhalten, daß uns in fast allen Zeugnissen aus dieser Phase eine deutliche Zunahme christlicher Symbolik entgegentritt, die alle heute noch kenntlichen Kommunikations- und Ausdrucksformen seit Mitte des 6. Jahrhunderts durchdringt und prägt, und zwar in einem wesentlich entscheidenderen Maße, als dies in der christlichen Spätantike bis dahin ohnehin üblich war. Das Kaiserzeremoniell geht nun in christlich-sakraler Symbolik auf, und die Zirkusgruppen werden Teil dieses Zeremoniells und nehmen feste Funktionen darin wahr. In der

Abb. 11: Reiterstandbild Justinians (543/44). Renaissancezeitliche Zeichnung des nicht erhaltenen Monuments.

Literatur werden klassizistische Tendenzen, wie sie z. B. Prokops *Kriegsgeschichte* mit ihrer strikten Orientierung an den großen Geschichtswerken Herodots und des Thukydides noch aufweist, allmählich zurückgedrängt zugunsten von Werken, die zunehmend religiös überformt sind. Darin spiegelt sich jedoch lediglich eine allgemeine Abwendung der oströmischen Gesellschaft von altrömischen bzw. klassischen Traditionen: In Justinians Gesetzen findet man seit 542 keine ausführlichen, historisierenden Vorworte mehr, in denen die glorreiche Vergangenheit als Legitimationsgrundlage für Neuregelungen herangezogen wird. Sogar das Konsulat, das trotz seiner politischen Bedeutungslosigkeit in der Spätantike weiterhin ein Symbol römischer staatlicher Ordnung war, wurde von Justinian im Pestjahr 542 endgültig abgeschafft. In bildender Kunst und Architektur verschwindet die für die frühjustinianische Zeit charakteristische Verbindung von klassizistischen und christlichen Ausdrucksformen zugunsten einer religiös überfrachteten, transzendental ausgerichteten Symbolik. Fromme Prozessionen, in denen nahezu die gesamte Bevölkerung einer Stadt zusammenkommt und sich als Schicksalsgemeinschaft erfährt, sind fortan an der Tagesordnung, und den Bezugsrahmen jeglichen Handelns bilden allein Gott und die von ihm geschaffene Ordnung.

Es handelt sich bei dieser, in der Forschung als ‹Liturgisierung› bezeichneten Entwicklung – wie gesagt – um einen höchst komplexen gesellschaftlichen Integrationsprozeß, der zu neuer innerer Stabilität und Einheit führte. Obwohl unser Quellenmaterial vor allem auf die Oberschicht in Konstantinopel konzentriert ist, wird man davon ausgehen dürfen, daß er prinzipiell auch die unteren Schichten und auch die übrigen Regionen des Reiches erfaßt hat, möglicherweise mit unterschiedlichen Akzenten und in variierenden Erscheinungsformen. Deutlich ist jedenfalls, daß das spätjustinianische Reich ein ganz anderes Gesicht besitzt als jenes der 20er und 30er Jahre.

Besonders anschaulich wird der Wandel, wenn man den Triumph über die Vandalen aus dem Jahr 534 (S. 64) mit dem feierlichen Einzug (*adventus*) Justinians in Konstantinopel 559 vergleicht. War 534 noch der altrömische Triumphzug das Vorbild der Zeremonie, so ist der *adventus* 559 – Justinian hatte zuvor Reparaturarbeiten an den Langen Mauern besichtigt – ganz und gar eine christlich-religiöse Zeremonie: Der fromme Kaiser zog vom Charisiostor im Nordwesten der Stadt zu seinen Palastanlagen. Eigentlicher Höhepunkt der Prozession war aber der Zwischenaufenthalt an der Apostelkirche, wo Justinian am Grab Theodoras betete und Kerzen zu ihrem Andenken entzündete. Mit einem altrömischen Triumphzug hatte dies nichts mehr zu tun.

14. Tod und Ausblick

In der Nacht des 14. November 565 starb Justinian im Kaiserpalast eines natürlichen Todes. Er wurde etwa 83 Jahre alt, 38 Jahre davon hatte er alleine über das *Imperium Romanum* geherrscht. Eine Nachfolgeregelung hatte er nicht getroffen. Es kamen ohnehin nur zwei Kandidaten infrage: Der tüchtige Feldherr Justin, der als Sohn des Germanos (des Neffen Justins I.) zur kaiserlichen Familie gehörte, sowie Justinians Neffe, der Sohn seiner Schwester Vigilantia, der ebenfalls Justin hieß. Da letzterer als Inhaber des Amtes der *cura palatii* offenbar bessere Beziehungen zur engsten Umgebung des Kaisers besaß und überdies auch noch mit Sophia, einer Nichte Theodoras, verheiratet war, machte er das Rennen. Insbesondere seine Verbindung zu Justinians letztem Oberkammerherrn Kallinikos sollte ihm den Thron sichern: Kallinikos war als einziger am Totenbett Justinians anwesend gewesen und behauptete, der sterbende Kaiser habe seinen Neffen zu seinem Nachfolger bestimmt. Noch in der Todesnacht Justinians hatten Kallinikos und einige Senatoren Justin informiert und in den Palast geholt, wo die Exkubitoren (die kaiserliche Leibgarde) unter der Führung des späteren Kaisers Tiberios die Lage militärisch absicherten. Während sich das Gerücht vom Tod Justinians in Konstantinopel verbreitete, ließ sich Justin rasch durch den Patriarchen Johannes III. Scholastikos († 577) im Palast krönen. Erst danach zeigte er sich im Hippodrom, wo die Menge inzwischen zusammengekommen war, um dem neuen Herrscher zu akklamieren. Der Übergang vollzog sich somit reibungslos. Zur Sicherheit wurde Justin, der Sohn des Germanos, dennoch kurze Zeit später beseitigt.

Justinian wurde in der Apostelkirche beigesetzt. Coripp beschreibt ein Leichentuch, das Sophia für ihn habe anfertigen lassen und auf dem besiegte Barbaren, getötete Könige, unterworfene Völker und die personifizierte Roma dargestellt gewesen seien. In der Mitte des Bildprogramms habe sich Justinian befunden, den Fuß in Gelimers Nacken gestemmt. Ein letztes Mal wurden so die großen militärischen Erfolge aus den frühen Jahren des Kaisers gefeiert.

Was Justinians Fortleben in Byzanz angeht, so bietet sich ein zwiespältiges Bild. Man scheint bald nicht mehr allzu viel von ihm gewußt zu haben. In der *Suda*, einem byzantinischen Konversationslexikon aus dem 10. Jahrhundert, findet sich unter dem Stichwort ‹Justinian› lediglich die Information, daß der Kaiser die Hagia Sophia errichtet habe, den Augustaion-Platz habe reinigen und mit Mosaiken verzieren sowie sein Reiterstandbild auf einer Säule habe aufstellen lassen. Andererseits gab es einen jährlichen Gedenktag am 14. November, und es finden sich sogar Anhaltspunkte für eine Verehrung Justinians als Heiliger: Der Historiker Niketas Choniates († ca. 1215/16) berichtet jedenfalls, daß die Kreuzfahrer 1204 bei ihrer Plünderung byzantinischer Kaisergräber auch Justinians Grab geöffnet hätten, und der Leichnam sei noch ganz unverwest gewesen. Dies mag man als Indiz für eine Heiligenverehrung deuten; diese war aber nie so ausgeprägt wie z. B. im Fall Konstantins.

Justin II. (565–578) trat kein leichtes Erbe an. Schon kurz nach seinem Herrschaftsantritt brachte er im Vorwort eines seiner Gesetze seinen Unmut über die kostspielige Außenpolitik und die Vernachlässigung der Truppen durch Justinian deutlich zum Ausdruck (*Novelle* 148), und auch andere Autoren, wie Coripp und die Historiker Agathias und Menander Protektor beklagen, daß der alte Justinian die nötige Tatkraft habe vermissen lassen, daß er stattdessen Frieden erkauft und sich nicht mehr um das Heer gekümmert habe. Derartige Aussagen sind natürlich stets mit Vorsicht zu bewerten, denn häufig schlug nach Herrscherwechseln die allgemeine Stimmung radikal gegen die verstorbenen Kaiser um. Im Falle Justinians jedoch scheinen die Klagen nicht ganz aus der Luft gegriffen zu sein, denn sie knüpfen nahtlos an die gespannte Atmosphäre während seiner letzten Lebensjahre an.

Justin versuchte zunächst energisch, das Ruder noch einmal herumzureißen: In der Monophysitenfrage eröffnete er neue Initiativen, die jedoch erfolglos blieben und bald von schweren Verfolgungen abgelöst wurden. Außenpolitisch beschränkte er sich auf den Versuch, das Bestehende zu halten und zugleich die Staatsfinanzen zu entlasten. So wurden z. B. die Stillhaltegelder für die Avaren und andere Nachbarn storniert. Als Justin 572 auch den Persern die Tribute verweigerte, erwies sich dies jedoch als verhängnisvoll, denn ein neuer, schwer lastender Perserkrieg war die Konsequenz. Nicht zuletzt um diesen Krieg führen zu können, mußte der Kaiser wie sein Vorgänger die Nordflanke des Reiches entblößen, so daß die Avaren sich allmählich eine bedrohliche Machtstellung aufbauen konnten und dabei die Langobarden nach Westen verdrängten. Bereits 568 brachen letztere unter Alboin in Italien ein und vernichteten dort die oströmische Herrschaft bis auf wenige Enklaven. Als die Perser im Jahr 573 die wichtige Grenzfestung Dara eroberten, zeigte Justin unverkennbare Symptome einer Geisteskrankheit. In einem seiner letzten lichten Momente ernannte er 574 Tiberios († 582) zum Caesar, was faktisch einer Abdankung gleichkam. Justin bekannte sich in der bei diesem Anlaß gehaltenen Rede zu seinen Sünden und gestand ein, aufgrund seiner Verfehlungen die Gunst Gottes verloren zu haben. Seinem Nachfolger gab er die mahnenden Worte mit auf den Weg, seine Herrschaft in diesem Sinne besser zu gestalten.

Justinian gilt vielfach als der letzte ‹römische› Kaiser, als eine herausragende Persönlichkeit, die in der Übergangsphase zwischen Spätantike und byzantinischem Mittelalter noch ein letztes Mal die Kräfte eines alternden Römerreiches gebündelt und auf den Erhalt des römischen Erbes unter christlichen Vorzeichen konzentriert habe. Als seine bleibenden Leistungen werden die großen Rückeroberungskriege in Afrika, Italien und zeitweise auch auf der Pyrenäenhalbinsel genannt, ferner seine groß angelegte Baupolitik, die noch heute in monumentalen Werken wie der Hagia Sophia oder dem Katharinenkloster im Sinai zu beeindrucken vermag, und schließlich die Kodifikation des römischen Rechts. Seine Zeitgenossen und auch die späteren Byzantiner sahen das allerdings anders: Für sie spielten die Kriege im Westen wenn überhaupt, dann nur deswegen eine Rolle, weil sie die Ressourcen des Reiches immens belasteten, und die Gesetzeskodifikation war eine Sache für Spezialisten; die eigentlichen Probleme, die es anzugehen galt, lagen für sie vor der eigenen Haustür und waren vielfach nicht gelöst worden. Die moderne Forschung hingegen hat lange Zeit vor allem die *Kriegsgeschichte* Prokops als wichtigste Quelle für Justinians Herrschaftszeit herangezogen, ohne sich die Tatsache bewußt zu machen, daß Prokop als Vertreter einer klassizistisch-elitären Geschichtsschreibung nur wenig repräsentativ für das 6. Jahrhundert ist. Autoren wie etwa Johannes Malalas, Euagrios oder Johannes von Ephesos setzten ganz andere Akzente in ihren Geschichtswerken, und wenn man sich ihnen widmet, verliert das ‹Zeitalter Justinians› einen großen Teil seines Glanzes.

Hat Justinian mit seinen ausgreifenden Feldzügen die Kräfte des Oströmischen Reiches also überspannt? Ein großer Teil der Forschung jedenfalls wirft ihm dies vor und kann dabei auf den raschen Verlust weiter Teile der eroberten Gebiete kurz nach Justinians Tod verweisen. In der Tat waren die meisten außenpolitischen Erfolge dieses Kaisers, so eindrucksvoll sie zunächst anmuten, letztlich nur kurzfristiger Natur. Doch war dies wirklich nur die Folge einer gravierenden Fehleinschätzung der allgemeinen Lage durch Justinian? Es sei daran erinnert, daß der vielbeschworene Restaurationsgedanke sich erst in den frühen 30er Jahren entwickelt hat, und zwar unter dem Eindruck unerwarteter militärischer Erfolge an der Donaugrenze und in Afrika. Mußte die überraschend problemlose Eroberung des Vandalenreiches nicht geradezu in weiterreichende Pläne münden? Überdies dürfen die schweren Katastrophen, die das Reich unter Justinian trafen, auch bei der Bewertung der Außenpolitik dieses Kaisers nicht einfach ausgeblendet werden. Daß z. B. eine Pestepidemie wie die der Jahre 541/42 große Teile des Reiches schlichtweg entvölkern und somit wichtige Ressourcen vernichten würde, war nicht vorhersehbar und kann nicht Justinian angelastet werden. Auch der Vorwurf, der Kaiser habe für seine Kriege im Westen die Ostgrenze vernachlässigt, greift zu kurz, denn die Sachlage war komplexer: Justinian hat nach 540 mit großer Energie und großem Aufwand gegen die Perser gekämpft, vor allem in Lazika. Überschätzt hatte er zuvor jedoch die Stabilität des ‹ewigen› Friedens von 532, wodurch er den Persern den verheerenden Einfall im Jahr 540 ermöglichte. Für den Schutz der Nordgrenze des Reiches auf dem Balkan schließlich hat er in der Tat zu wenig getan. Während es in den frühen 30er Jahren fähigen Heerführern wie Mundos († 536) und Chilbudios († 533) noch gelungen war, die Lage stabil zu halten, fand Justinian später keine hinreichenden Mittel mehr, um das Reich vor permanenten Einfällen zu schützen.

Justinians Religionspolitik, die gekennzeichnet ist vom steten Versuch, die eigenen religiösen Präferenzen dem gesamten Reich als einheitliches Bekenntnis aufzuzwingen, ist aus eben diesem Grund letztlich gescheitert. Trotz größerer Missionserfolge innerhalb und vor allem außerhalb des *Imperium Romanum* konnte das Kaiserpaar die Entfaltung einer monophysitischen Sonderkirche nicht verhindern und leistete somit verhängnisvollen Separationsbestrebungen in Teilen der Reichsbevölkerung Vorschub. Gerade auf dem religiösen Sektor erscheint die Herrschaftszeit Justinians jedoch auch als eine wichtige Transformationsphase: Die Ausbildung des Bilderkultes, die Intensivierung der Marienverehrung und die Sakralisierung des Kaisers verweisen bereits weit voraus in die byzantinische Zeit.

Es waren vor allem die Zunahme der außerweltlichen Stadtbeschützer (Ikonen, Reliquien) sowie die Vereinnahmung der Gottesmutter als Schutzherrin insbesondere Konstantinopels, wodurch sich darüber hinaus wichtige Veränderungen in der Struktur des Reiches ergaben. Während das *Imperium Romanum* zuvor auf einem dichten Netz sich selbst verwaltender Städte als Mittelinstanzen beruht hatte und gerade in der Spätantike die Stadt Rom in dieser Hinsicht zunehmend ihre Sonderstellung verlor, zeichnet sich unter Justinian ein umgekehrter Prozeß ab: Während die Städte immer mehr auf sich allein gestellt waren und selbständig für ihren Schutz sorgen mußten, avancierte Konstantinopel zum alleinigen Zentrum des

Reiches, dessen Fortbestand später sogar ausschließlich von der Unversehrtheit der Hauptstadt abhängen sollte. Während Konstantinopel somit zum Mittelpunkt des Reiches aufstieg, ging vielerorts die Bindung zur Zentrale verloren – auch dies eine Entwicklung, die nicht folgenlos blieb und die trotz der kurzfristigen militärischen Erfolge im Westen letztlich die endgültige Loslösung des Ostens vom Westen – der von Konstantinopel aus nicht mehr zu beherrschen war – implizierte.

Das vielbeschworene ‹Zeitalter Justinians› erweist sich so als weniger kohärent, als man zunächst vermuten würde. Zwar wird es zusammengehalten durch die außergewöhnlich lange Herrschaftszeit eines einzigen Kaisers, doch ist diese Klammer eher äußerlicher Natur. Sie verdeckt tiefgreifende Wandlungsprozesse, die sich vor allem infolge der schweren Katastrophen ab 540 vollzogen haben und die frühen Jahre Justinians von seiner späten Regierungszeit markant scheiden. Auf die energische Tatkraft und Dynamik der 20er und 30er Jahre folgte eine innere Lähmung und Erstarrung seit den 40ern. Römisches Traditionsbewußtsein ging auf in christlicher Symbolik. Das Reich, das Justinian 565 hinterließ, wäre vermutlich sogar ihm selbst im Jahr 518 recht fremdartig vorgekommen.

Bibliographische Hinweise

I. Übergreifende Darstellungen und Biographien

Pauline Allen/Elizabeth Jeffreys (Hgg.), The Sixth Century. End or Beginning?, Brisbane 1996

Gian Gualberto Archi (Hg.), L'imperatore Giustiniano. Storia e mito, Mailand 1978

John W. Barker, Justinian and the Later Roman Empire, Madison/London 1966

Peter Brown, Die Entstehung des christlichen Europa, München 1996

Robert Browning, Justinian und Theodora, Bergisch Gladbach 1988

Averil Cameron, Procopius and the Sixth Century, London 1985

Averil Cameron/Bryan Ward-Perkins/Michael Whitby (Hgg.), The Cambridge Ancient History, Vol. XIV. Late Antiquity: Empire and Successors, A. D. 425–600, Cambridge 2000 (*das neueste Handbuch zur ausgehenden Spätantike*)

Alexander Demandt, Der Fall Roms. Die Auflösung des Römischen Reiches im Urteil der Nachwelt, München 1984 (*vor allem aus wissenschaftsgeschichtlicher Perspektive interessant*)

ders., Die Spätantike. Römische Geschichte von Diocletian bis Justinian 284–565 n. Chr., München 1989

James Allen Stewart Evans, The Age of Justinian, London/New York 1996

Herbert Hunger, Kaiser Justinian I. (527–565), in: ders. (Hg.), Das byzantinische Herrscherbild, Darmstadt 1975, 333–352 (*ein schöner Überblick über das Justinian-Bild in der älteren Forschung*)

Elizabeth Jeffreys/Brian Croke/Roger Scott (Hgg.), Studies in John Malalas, Sydney 1990

Pierre Maraval, L'empereur Justinien, Paris 1999 (*knappe, sehr instruktive Einführung*)

Jochen Martin, Spätantike und Völkerwanderung, München ^{4}2001

Otto Mazal, Justinian I. und seine Zeit. Geschichte und Kultur des Byzantinischen Reiches im 6. Jahrhundert, Köln/Weimar/Wien 2001 (*ein Werk, das mit Vorsicht zu genießen ist; der Autor hat vielfach nur Abschnitte aus älteren Handbüchern zusammengefügt; das auf den ersten Blick imposante Literaturverzeichnis ist selektiv und nicht auf dem neuesten Stand*)

Mischa Meier, Das andere Zeitalter Justinians. Kontingenzerfahrung und Kontingenzbewältigung im 6. Jahrhundert n. Chr., Göttingen 2003

John Moorhead, Justinian, London/New York 1994

Karl Leo Noethlichs, Iustinianus (Kaiser), in: Reallexikon für Antike und Christentum, Bd. 19 (1999), 668–763 (*sehr informativ!*)

Berthold Rubin, Das Zeitalter Iustinians, Bd. 1, Berlin 1960; Bd. 2 (hg. von Carmelo Capizzi), Berlin/New York 1995 (*immer noch lesenswertes, wenngleich veraltetes und nicht vollendetes Standardwerk*)

Wilhelm Schubart, Justinian und Theodora, München 1943

Ernest Stein, Histoire du Bas-empire. De la disparation de l'Empire d'Occident à la mort de Justinien (476–565), Tome II, Paris/Brüssel/Amsterdam 1949 (*sehr minutiöse Ereignisdarstellung; wichtig vor allem wegen der Diskussion von Datierungsfragen*)

2. Literatur zur Vertiefung

(in Auswahl; weitere Literatur zu Einzelaspekten läßt sich über die Literaturverzeichnisse der hier aufgeführten Werke leicht erschließen)

Susan Ashbrook Harvey, Asceticism and Society in Crisis, Berkeley/Los Angeles/London 1990 (*behandelt vor allem die Situation der Monophysiten im Osten des Reiches*)

Hans-Georg Beck, Kirche und theologische Literatur im byzantinischen Reich, München ²1977

ders., Die frühbyzantinische Kirche, in: Hubert Jedin (Hg.), Handbuch der Kirchengeschichte, Bd. II.2, Freiburg i. Br. 1975, ND 1985, 3–92 (*guter Überblick über die kirchenpolitischen Verwicklungen*)

ders., Kaiserin Theodora und Prokop. Der Historiker und sein Opfer, München 1986

Wolfram Brandes, Anastasios ο δίκορος Endzeiterwartung und Kaiserkritik in Byzanz um 500, in: Byzantinische Zeitschrift 90 (1997), 24–63 (*zu den Endzeiterwartungen im 6. Jh.*)

Alan Cameron, Circus Factions. Blues and Greens at Rome and Byzantium, Oxford 1976, ND 1999 (*wichtiges Werk zu den Zirkusgruppen und zum Hippodrom*)

Manfred Clauss, Die συμφωνία von Kirche und Staat zur Zeit Justinians, in: Karlheinz Dietz/Dieter Hennig/H. Kaletsch (Hgg.), Klassisches Altertum, Spätantike und frühes Christentum. Adolf Lippold zum 65. Geburtstag gewidmet, Würzburg 1993, 579–593

Gilbert Dagron, Naissance d'une capitale. Constantinople et ses institutions de 330 à 451, Paris ²1984 (*zu Konstantinopel*)

Francis Dvornik, Early Christian and Byzantine Political Philosophy, Vol. II, Washington 1966 (*zum christlichen Kaisertum in der Spätantike*)

Isrun Engelhardt, Mission und Politik in Byzanz. Ein Beitrag zur Strukturanalyse byzantinischer Mission zur Zeit Justins und Justinians, München 1974

James Allen Stewart Evans, The Empress Theodora, Austin 2002

William Hugh Clifford Frend, The Rise of the Monophysite Movement, Cambridge 1972

Alois Grillmeier, Jesus der Christus im Glauben der Kirche, Bd. II 1 u. II 2,

Freiburg/Basel/Wien 1986 u. 1989 (*ausführliche Darstellung der theologischen Kontroversen und der daraus folgenden kirchenpolitischen Verwicklungen*)

Herbert Hunger, Die hochsprachliche profane Literatur der Byzantiner, Bd. 1–2, München 1978

Ernst Kitzinger, Byzantinische Kunst im Werden. Stilentwicklungen in der Mittelmeerkunst vom 3. bis zum 7. Jahrhundert, Köln 1984

Hartmut Leppin, Theodora und Iustinian, in: Hildegard Temporini-Gräfin Vitzthum (Hg.), Die Kaiserinnen Roms. Von Livia bis Theodora, München 2002, 437–481

John H. W. G. Liebeschuetz, The Decline and Fall of the Roman City, Oxford 2003

Mischa Meier, Die Inszenierung einer Katastrophe: Justinian und der Nika-Aufstand, in: Zeitschrift für Papyrologie und Epigraphik 142 (2003), 273–300

Johannes van Oort/Johannes Roldanus (Hgg.), Chalkedon: Geschichte und Aktualität, Leuven 1997

Günter Prinzing, Das Bild Justinians I. in der Überlieferung der Byzantiner vom 7. bis 15. Jahrhundert, in: Dieter Simon (Hg.), Fontes Minores VIII, Frankfurt a. M. 1986, 1–99 (*zum Nachleben Justinians*)

Klaus Rosen, Iustinus I (Kaiser), in: Reallexikon für Antike und Christentum, Bd. 19 (1999), 763–778

ders., Iustinus II (Kaiser), ebd., 778–801

Eduard Schwartz, Zur Kirchenpolitik Justinians, in: W. Eltester/H.-D. Altendorf (Hgg.), Eduard Schwartz. Gesammelte Schriften, Bd. 4, Berlin 1960, 276–328 (*wichtige ältere Studie zu Justinians Kirchenpolitik*)

Dionysios Stathakopoulos, The Justinianic Plague Revisited, in: Byzantine and Modern Greek Studies 24 (2000), 256–276 (*Forschungsüberblick zur Pest*)

Karl-Heinz Uthemann, Kaiser Justinian als Kirchenpolitiker und Theologe, in: Augustinianum 39 (1999), 5–83 (*wichtige neuere Interpretation der Kirchenpolitik Justinians und ihrer Motivation*)

Aleksandr Vasiliev, Justin the First, Cambridge (Mass.) 1950 (*die bisher einzige Monographie zu Justin I.*)

Herwig Wolfram, Die Goten. Von den Anfängen bis zur Mitte des sechsten Jahrhunderts, München [3]1990

Zeittafel

474–491	Zenon Oströmischer Kaiser.
476	Absetzung des letzten Weströmischen Kaisers Romulus Augustulus – Ende des Weströmischen Reiches.
481/82	Geburt Justinians.
488–531	Kabades König der Perser.
491–518	Anastasios Oströmischer Kaiser.
493–526	Herrschaft Theoderichs des Großen in Italien.
518–527	Justin I. Oströmischer Kaiser.
519	Ende der Kirchenspaltung zwischen Rom und Konstantinopel.
ca. 525/26–531	1. Krieg gegen die Perser.
526–528	Mehrmalige Zerstörung Antiocheias durch Brand- und Erdbebenkatastrophen.
1. August 527	Justinian übernimmt die Alleinherrschaft.
528–534	Entstehung des *Corpus Iuris Civilis.*
529/30	Aufstand der Samaritaner in Palästina.
531	Chosroes I. wird König der Perser († 579).
531/32	Abschluß des ‹ewigen› Friedens mit den Persern.
532	Nika-Aufstand in Konstantinopel.
532	Religionsgespräch in Konstantinopel zwischen Chalkedoniern und Monophysiten.
533/34	Eroberung des Vandalenreichs.
535	Beginn des 1. Krieges gegen die Ostgoten (bis 540).
536	Verfolgung von Monophysiten.
536/37	Mehrmonatige Sonnen- und Mondverfinsterung im gesamten Mittelmeerraum; Klimaveränderungen, Ernteausfälle.
536–540	Witigis König der Ostgoten.
537	Vollendung der Hagia Sophia.
539/40	Bulgareneinfall mit schweren Verwüstungen in Griechenland.
540	Einfall der Perser in römisches Gebiet; Zerstörung Antiocheias; Beginn des 2. Krieges gegen die Perser (bis 561/62).
541	Sturz Johannes des Kappadokers.
541/42	Pest im gesamten Reich.
542	Tod Tribonians.
542–ca. 546	Hungersnöte infolge der Pest.

541/42–552	Totila König der Ostgoten; Beginn des 2. Krieges gegen die Ostgoten (bis 552).
545	Fünfjähriger Waffenstillstand mit den Persern; die Kämpfe in Lazika dauern an.
546	Johannes Troglita beginnt mit der Wiederherstellung der Ordnung in Afrika.
548	Tod Theodoras.
549	Aufdeckung einer Verschwörung gegen Justinian.
551	Schwere Erdbeben in Mittelgriechenland und im östlichen Mittelmeerraum.
551	Erneuter 5jähriger Waffenstillstand mit den Persern; die Kämpfe in Lazika dauern an.
552	Narses besiegt die Ostgoten bei den Busta Gallorum und am Mons Lactarius; Tod Totilas und seines Nachfolgers Teia.
ab 552	Eroberung einiger Gebiete im westgotischen Spanien.
553	Verurteilung der Drei Kapitel im Konzil von Konstantinopel (5. Ökumenisches Konzil).
557	Schweres Erdbeben in Konstantinopel; infolge dessen stürzt die Kuppel der Hagia Sophia ein.
558	2. Pestepidemie in Konstantinopel.
559	Belisar kann einen verheerenden Bulgareneinfall erst vor Konstantinopel zurückschlagen.
561/62	Abschluß des 50jährigen Friedens mit den Persern.
562	Aufdeckung einer Verschwörung gegen Justinian; Neueinweihung der Hagia Sophia.
14. November 565	Tod Justinians.

Abbildungsnachweis

Abb. 1: Louvre, Paris. Photo: RMN-Chuzeville, Paris
Abb. 2: Aus: Der Neue Pauly, Bd. 6, H. Cancik/H. Schneider (Hrsg.), © 1999, J. B. Metzlersche Verlagsbuchhandlung u. Carl Ernst Poeschel Verlag GmbH, Stuttgart, 713–714
Abb. 3: Photo: Sonia Halliday Photographs
Abb. 4: Photo: akg-images/Jean-Louis Nou, Berlin
Abb. 5: Photo: akg-images, Berlin
Abb. 6: Photo. akg-images, Berlin
Abb. 7: Photo: Scala, Antella (Firenze)
Abb. 8: Deutsches Archäologisches Institut, Rom. Inv. Nr. 6191
Abb. 9: Aus: J. Galey, Das Katharinenkloster auf dem Sinai, Belser-Verlag, Stuttgart/Zürich o. J., Abb. 77
Abb. 10: Bildarchiv Preußischer Kulturbesitz, Berlin
Abb. 11: Universitäts-Bibliothek, Budapest, Ms. 35 fol. 144 v.

Umschlaginnenseiten:
vorn: cartomedia, Angelika Solibieda, Karlsruhe
hinten: Aus: R. Browning, Justinian und Theodora. Herrscher in Byzanz, Gustav Lübbe-Verlag, Bergisch Gladbach 1988, S. 159

Register